Idea man

Idea man

暢銷
新版

讓人
什麼都
告訴你!

國際臥底專家教你
輕鬆取得他人信任, 對你掏心掏肺

HOW TO GET
PEOPLE TO TELL YOU
EVERYTHING

DAVID CRAIG

大衛·克雷格———著　張瓅文———譯

CONTENTS

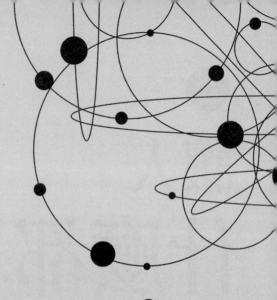

第5章：實例示範

作者序

在日常生活中運用專業人士的高端套話技巧

在二〇〇〇年十一月，也是我取得隱蔽行動領域（Covert Operations）博士學位四個月後，當時算是我多年來研究臥底手法及參與祕密行動人員的高峰期。那時的我，已經跟著澳洲聯邦警察在多國行動將近十年，扮演不同的角色——大部分的身分都不能曝光。

當時我剛結束在另一個國家的祕密部署行動，然後直接從當地飛到華盛頓協助一門祕密訓練課程。不過在上課之前，我決定先去見一個人——聯邦調查局第一位成功滲入黑手黨的臥底探員，當時他的化名是喬・帕史東。

當年，喬加入代號為「太陽蘋果」的聯邦調查局臥底行動，在邁阿密與紐約的黑手黨核心圈裡臥底六年。因為他堅持不懈地蒐證，兩百名黑手黨成員的身分終於得以確認並定罪，罪名從勒索到謀殺都有。他多年來受到要證人保護措施的庇護，而黑手黨至今仍懸賞五十萬美元要他的項上人頭。當然，他現在已經換了新名字。

儘管如此，好萊塢依舊將他的事蹟拍成電影《驚天爆》（*Donnie Brasco*）——由強尼．戴普飾演他本人。

我想跟喬見面，向他學習經驗，並分析為什麼他能比其他人順利取得證據；黑手黨也想找到喬——但是原因大不相同。

離開機場後，我直奔約定的見面地點，一路上也沒忘記進行反偵蒐，確保無人跟蹤，畢竟我不希望有不速之客加入這場會面。我們在祕密地點碰面，接著我便直接進入主題。

我說：「那個某某某（為保護當事人，因此不具名），你當臥底這麼久，最大的心理資產是什麼？」

他說：「戴夫，你必須知道自己是誰、立場是什麼，而且還要想辦法讓對方說話。如果他們不說，你就永遠不知道他們在做什麼。總之，你要有辦法讓他們開口。」

我自己也當過臥底，我知道他說的一點都沒錯。如果目標不開口，臥底行動所要承受的不安與犧牲都是白費！我跟某某某聊了許久，聽他分享經驗，並且學到了許多經過驗證的臥底技巧。

我是宣誓過的聯邦執法人員，從事相關工作長達二十二年，另外還有八年擔任政府機構與企業祕密行動顧問及訓練教師的經驗，我想與讀者分享我在工作中學到最有用的人際互動技巧。

在本書中，我將間諜與密探常用的高端手法重新詮釋，教大家如何取得祕密消息，以及如何在日常工作及生活中加以運用。這些技巧能讓你在生意、工作領域及人際關係上取得優勢——遠超過目前許多人公開教授的內容。

本書是我的第二本著作，其理論也是建立在第一本《國際犯罪學專家教你分辨真偽、立破謊言》一書的基礎之上。

這系列書籍的內容環環相扣，第一本是教你如何判斷一個人是否說謊，或是對你有所隱瞞，而本書則是教你如何挖掘祕密。但不代表讀者得先讀過第一本書才能看懂及運用本書中的技巧。

當你讀完本書並練習過相關技巧後，你應該就能更了解對方，進而發揮影響力，對方也會願意對你「打開心房」，說出平常不會輕易告訴他人的訊息——而且是在自願的情況下。

繼續讀下去，希望你能獲得書中特殊技巧所帶來的好處。祝你好運！

前言

精熟套話的技巧，就等於掌握他人的心理

為什麼我們需要得知別人的祕密？

人們會隱瞞訊息的原因有很多，有些無害，有些則不然。隱瞞訊息就是所謂的祕密。在許多情況下，知道的祕密越多，對自己越有利。

多年來，間諜與臥底行動成功讓許多人吐實。本書將告訴各位讀者，這些專家究竟是用何種技巧取得情報，並傳授讀者如何在日常生活與工作專業中運用這些技巧。本書所提供的進階人際溝通技巧將有助於你取得前所未有的心理

優勢。

你有沒有遇過一種情況：不知為何，你就是知道別人沒有向你全盤托出？對方可能是小孩、客戶、配偶、生意夥伴或競爭對手。本書將提供你所需的知識與技巧，讓他人願意和你分享祕密。

你之所以翻開這本書，或許是因為之前有人對你隱瞞一些事情，讓你感到受傷、失望，甚至讓你處於不利的情況。例如碰到孩童或學生、潛在客戶、病患或配偶，以及商業競爭對手等，只要套出他們的祕密，或許就可改善與他們的互動。

你也可以利用這項技巧來建立新的聯絡人、擴大人際網絡、找到特定的對象——沒錯，這些技巧能幫助你約會成功，甚至充實現有的關係！

了解守密人的心理及祕密的本質

要達到上述目的，獲取祕密是關鍵。如果某人跟我們分享祕密，我們通常會覺得很榮幸。不過，有時候他人所隱瞞的實情，其實可以保護我們或我們身邊的人，如果能知道祕密，便能為守密者提供支持，或是取得商業優勢。第一章將討論所有與祕密相關的事情——為什麼會有祕密，以及保密和揭露祕密的影響。

本書的目的不是要讀者透過揭露祕密而讓他人受到傷害或感到尷尬，而是希望能幫助讀者懂得保護自己和他人。解開隱藏的訊息可以解放他人，例如幫助他人做健康管理，以及讓醫療人員、律師、教師及父母獲取所需的訊息；亦可加強談判立場、提供市場優勢、增加銷售量，以及提升在工作上的心理優勢。

在一九八〇年代，肢體語言是人際溝通最熱門的話題，大量與此相關的資訊如雨後春筍般冒出。相關書籍為該主題開創嶄新的局面，並提升社會大眾對人際關係的認知。

了解肢體語言這項「新知識」的人，無疑擁有絕對優勢。然而，目前市面上關於如何在日常生活中運用肢體語言的技巧與書籍成百上千，有些人甚至會模仿或釋出假的肢體語言訊號，藉此獲利或製造錯誤印象，甚至還有相關訓練課程教你怎麼做。

這個新領域讓渴望學習新知識、想改善人際關係溝通技巧的人們，在進階的心理技巧上能取得更進一步的了解、發展與應用。這些技巧並非否定肢體語言的重要性，但是既然已經有許多人都懂得肢體語言，我們就必須要發掘更有優勢的人際溝通辦法。現在已經邁入二十一世紀，該是讓人際關係的心理技巧趕上外在技巧的時候了！

外在行為表現（如肢體語言）已經不再屬新知識領域，心理層面才是！

如何引導他人，讓人對你掏心掏肺

第二章將會討論何謂「引導」。「引導」一詞廣泛用於描述政府偵查單位、祕密行動與臥底探員如何以巧妙的說話技巧引導目標說出情報。換句話說，你「可以透過引導解開隱藏的訊息」。引導技巧的使用已經行之有年，至今依然是間諜情報單位用來獲取消息的主要技巧。

舉例來說，二〇〇一年時，我在東帝汶與印尼邊境的叢林工作，當年印尼邊境的民兵動作頻頻，不斷對東帝汶進行武裝突襲，導致許多平民百姓受難。當時我利用本書第一章與第二章的知識，加上第三章與第四章的技巧，從邊境通訊員身上成功套出話來，他在毫無防備的狀況下告訴我大量訊息，讓情報單位有機會拼湊內容，進而得知下次突襲的時間。

因此，聯合國維和部隊就有時間在印尼民兵展開下一次突襲行動之前做好部署準備，並且逮補數名民兵，許多民眾因此倖免於難。

將專業的套話技巧運用在日常生活中

或許你無需在如此極端的環境中使用引導技巧，但是本書是要教你如何在日常生活中成功使用這些技巧，以獲取重要的資訊。

在第三章中，本書將討論如何在對話過程中使用有效的話術，促進你與對方的關聯性，讓對方喜歡你，進而願意對你敞開心房。很多狀況下，你都可以運用這些技巧，例如當你的孩子不願意承認自己做錯事，或者你必須讓客戶說出內心深處害怕公諸於世的祕密等等；在商場上，你或許會想從競爭對手、客戶、同事、員工或是主管身上獲取消息，讓自己具備優勢，或是掌握更多情報。

你可以透過引導技巧取得消息。本書第四章首度公開「READ引導步驟」，教導讀者如何在言語上引導他人、取得你想知道的祕密，本書特地將複雜的過程簡化為簡單易懂的模組。

相較之下，祕密是尚待深入研究的領域，也是非常複雜、需要小心處理的心理學理論。雖然目前對於如何解密的所知尚少，而且大部分都是臥底或情報人員在使用，因而蒙上一層神祕面紗。

本書採用最新的理論，搭配祕密行動世界裡、間諜活動常用的心理工具，並告訴你要如何在日常生活中，簡單且有效地使用這類技巧，為自己取得優勢。

CHAPTER ONE

第一章

祕密的本質

本章旨在闡述人類為何會隱藏訊息——也就是為什麼會有祕密——的必知理論。若想成功套話，就必須對保密行為背後的理論知識有一定的了解。想要他人對你知無不言，言無不盡，過程涉及處理各種不同的人性以及心理因素，且會因人、事、時、地而有所不同。

本書接下來將會教讀者一些能夠攻破他人心防，令他人對你吐實的心理技巧。然而，若你不知道為何某人在某情況下要對你隱瞞訊息，你對整件事情的了解就不夠全面。若能對保密行為有全盤認識，便能靈活運用套話的策略，如此一來才能達到最佳效果。

任何對人隱瞞的訊息都算祕密。在眾多文化中，不管是誰，幾乎人人心裡都有祕密。以「祕密」為關鍵字上網搜索，會出現超過兩億五千九百萬筆資料，內容從「養快樂狗的祕密」到「政府機密解密」都有。大家都知道祕密無所不在。

狗仔隊侵犯富商名人的生活隱私，就是為了滿足社會大眾對於未知訊息的渴望；大家最想知道的事情，似乎也正是富商名人最想隱藏之事，例如分手、新戀情、健康問題、吸毒或是過去不為人知的種種歷史。為了挖出被隱藏的消息，某些報紙甚至會非法竊聽名人的私人電話，藉以獲取祕密消息——這些事情在被公開之前都算祕密。

每天都有人在飲水機旁、休息室裡，或是在咖啡館、酒吧等地方討論其他人可能在做什麼，還是誰跟誰可能有曖昧，或是某人可能說過什麼話或做過什麼事。最有價值的訊息莫過於知道辦公室裡其他人都還不知道的事情，這讓知情的人感覺彷彿手中握有一項利器。但辦公室八卦的有效週期顯然很短暫，就跟八卦網站和小報消息一樣，一旦沒人感興趣，祕密就沒有存在的價值。

商業上的祕密大多是要保護先進科技技術、研究項目與產品配方。同樣地，商人也要防止競爭對手取得商業與行銷情報，以保持競爭優勢。為了保住股價（甚至是執行總裁的位置），企業隱瞞會造成股東疑慮的訊息（例如有待生效的企業合併、市值損失或股票拋售）更是屢見不鮮。拍賣官會隱藏底價，而商人也會隱藏物品真正的價格。保護股市祕密的方法則是對洩漏者採取重罰（例如內線交易）。

同樣地，政府也會透過法律、政策甚至是情治單位保護特定資訊，除了避免在國內流傳，同時也防止他國政府有機會接觸相關訊息。情治單位有時還得負責竊取他國機密，上至軍事機密，下至交易底價（例如小麥、羊毛、礦物等）。此外，智慧財產權與企業機密也是其他公司、甚至是競爭國家——例如中國——所積極竊取的內容。這些都無庸置疑，因為知道對方祕密就代表巨大商機。

祕密是每個人生命中最複雜、最難以捉摸的一部分；每個人都有祕密，而且很自然會想要隱藏部分訊息，或是只跟少數人分享。儘管人們對於獲取他人隱藏的訊息有高度興趣，但與祕密和保密相關的研究卻不若其他領域完整。雖然在某些方面已經出現具可信度的研究，也有間接的相關研究，但整體來說依然不足。簡單來說，我們對祕密的認識有限，更別提如何解密。

過去數十年來，間諜單位都採用特定的對話技巧，搭配非法利誘與施壓手段，使他人開口，說出不該說的祕密；但我們這些守法的市井小民，還需要好好學習如何從他人身上取得祕密，而且要合法進行。相關學術研究顯示，在適當的情況下，人們至少會與另一個人分享祕密，有時甚至和多人分享；因為人類渴望與他人分享或說出祕密是自然反應——可謂是本能天性。在第二章中，本書將會介紹如何善用人性的渴望，讓他人與你分享祕密。

人類選擇隱藏訊息，有一部分原因是希望避免尷尬、迴避問題，或是避免被他人拒絕、予人負面印象，或是傷害他人情感。有趣的是，研究顯示會透露祕密的人通常健康情形較佳。若懂得善用引導技巧，將有助於他人分享祕密，甚至為他人提供支持。

不管我們是為了生意或個人利益才隱瞞訊息，或是想幫助心裡有沉重祕密的人，我們都需要選擇正確的引導技巧，並且靈活運用。若想成功解密，就得先進一步探討保密背後的理論。

1-1

祕密的定義

關於人類為何會對他人有所隱瞞，以及該如何套話一事，在我首次進行相關研究時發現，這個問題聽起來很簡單，大部分的人心裡也有答案。但是，讀過越多資料後，我越發現人們對於何謂「祕密」有不同的認知。而且從以前到現在，只要一提到祕密，大部分都認為與學術、法律與專業領域相關。

某些人認為，只有一個人知道、未曾與任何人分享過的事情才叫祕密；某些人認為，對特定人士隱瞞特定訊息，即便所有人都知道，但只要當事人不知道，這也算是祕密。有些人會問：如果某個訊息有一個人以上知道，或是五個人，甚至是五十個人都知道，這還算是祕密嗎？這個看似簡單的問題，即便在不同的法庭上也有各種不同的見解。

進一步思考後，還會發現更多事情。有些學者指出，人不但會獨守祕密，甚至還有可能不自知。至此聽起來已經開始有點扯了。西格蒙德．佛洛伊德（Sigmund Freud）在一九一五年時提出，人有三層意識，即意識：人類在思考、專注與處理訊息時所用的意識；前意識：對事情有所感知，但因為沒有專注而無法時時察覺，但只要專心便可變成可知覺的意識；以及潛意識：行為與思想獨立，不在自身的控制範圍內，並且會影響人格與行為模式。但最近有許多研究顯示，潛意識對人類行為的影響程度似乎已遠超過佛洛伊德一開始所提出的範圍了。

因此，如果你順著此想法思考，一個人的內心深處壓抑著某件事情，久了就變成連自己都沒察覺的祕密，這也是不無可能。

若試圖引導病患、客戶、小孩或伴侶說出某些訊息時，請記得，對方說出來的訊息可能早已在心底深處壓抑許久，久到可能連當事人都沒意識到這項祕密的存在。如果在對話過程中，發現可能有上述情況，則引導過程必須非常小心，因為重新喚醒壓抑在腦海深處的記憶有時會引發情緒反應，因此建議在專業人士的指導下進行。

由於本書重點在於引導他人說出祕密的實務技巧，幫助讀者保護自身利益或進一步了解他人，因此實無必要過多著墨於祕密的各種理論分析。我們需要一個實際且普及的定義，一個能在解密時能記住的定義。簡單來說，關於祕密最合理、最一致的定義，就是刻意對「他人」隱藏訊息。也正是本書所秉持的概念；所謂「他人」，可以包括公司、企業、俱樂部和政府單位，對象也包括配偶、孩子、朋友、同事、陌生人及對自己非常重要的人。

除了知道祕密的定義外，記住本書中常見的詞彙對於討論祕密及解密過程也很重要，包括：

- 守密者（Secret-keeper）：隱藏訊息的人或組織，即保守祕密的主體。
- 守密對象（Secret-target）：刻意對其隱瞞訊息的人或組織即為「守密對象」，是祕密的「目標」，或會因該祕密而處於弱勢。當一個人或組織對你隱藏訊息，你就是守密對象，對方則是守密者。

1-2 自私型與利他型的守密動機

雖然對於人類慣於隱藏訊息的心理狀態仍有許多未知待解之處，但目前已經有可靠的學術單位進行相關研究，有助於大眾更加了解祕密的本質。

若想引導某人說出隱藏的訊息，認識對方隱藏的祕密種類以及保密的動機，都將有助於引導過程進行。

由於詮釋的定義各有不同，我將所有的訊息分為兩大類，讓讀者更容易學習、辨識以及成功地運用技巧。守密的動機主要可分成兩大類：自私型和利他型。

自私型的守密動機

某些人在生活中會有許多需要保密的事情。他們會對訊息有所保留，或是選擇性提供關於個人、職業、家庭及財務狀況，藉此維護個人名聲與人際關係。在某些狀況下，對他人有所隱瞞是情有可原的，但有時可不是如此。

我們或許沒有什麼見不得人的大事，但相信大部分人在閱讀本書後，都會意識到，原來自己心中隱藏了這麼多祕密！別擔心，這完全正常，而且是可以理解的。

自私型的祕密，是守密者為了某些自身利益而選擇保留的祕密，這類祕密一旦被揭露，會對守密者產生不良影響，例如導致尷尬的局面，或是破壞自己在他人心中的觀感，進而會使當事人失去優勢及權力。

舉例來說，破產的人可能會盡量隱瞞這件事。如果這項訊息說出來會導致場面變得非常尷尬，或是影響別人對他的印象。因此在某些情況下，有些人會選擇隱藏這類不名譽的資訊，而這麼做所造成的後果可大可小。

當然，如果你打算跟對方做生意或借貸給別人，在這種情況下，你有權知道完整的訊息，如果你被蒙在鼓裡，會使自己陷入不利的處境。利用本書第三章與第四章的技巧來套話，或許會危及守密者的利益，但相對地，卻能獲得你所需要的關鍵資訊。

自私型的祕密涵蓋範圍極廣，這點可由密西根大學的一項研究窺知一二。該研究指出，這種祕密大多較為負面，而且從大到小都有，小至如「我父親是酒鬼」和「我的性生活不滿足」，大至如「我一直都在考慮要自殺」、「有時候我覺得我必須要殺人」，還有「我和家人發生過亂倫」等等。後者的例子說明，如果家人、朋友或醫療人員能成功引導守密者說出祕密，便能提供他更好的支持或保護。

除此之外，守密者也可能因為知道某件事情而占優勢，故不願與他人分享，而且一旦說出來就會失去優勢。舉例來說，某個學生可能發現接下來的考卷會有哪些題目，或是求職者得知面試團隊要找什麼人，或是商人發現對手公司針對相同合約所提出競標價格的「內幕」消息——分享這些資訊都可能讓自己處於劣勢，因此會出現為自己而守的祕密。

本書的目的並非是要傳遞判斷標準或提供道德指南針，教導讀者何時應該或不應該使用揭祕技巧；而是要讓讀者在需要的情況下，得以運用解密技巧。

在某些情況下，如果懂得引導他人說出為自己而守的祕密時，就有機會能幫助、支持、保護或善待對方，例如：孩子在學校被霸凌、受到網友的騷擾，或是家暴、藥物或酒精成癮的受害者等等。

為自己守密的例子包括：

- 車禍次數。
- 工作上犯的專業錯誤。
- 生意投資失敗。
- 影響社會觀感的家庭情況或個人事件。

- 回憶起來很痛苦的悲劇事件。
- 出軌。
- 童年遭受虐待，或被伴侶虐待。
- 非法藥物、處方藥物或酒精使用成癮。
- 飲食失調。
- 參與犯罪事件。
- 犯罪事件受害者。
- 具有某種恐懼症，例如對於飛行、針頭、蜘蛛或蛇感到極度恐懼。
- 個人財務狀況，例如收入、資產、負債與借貸。（卡債是為自己守密的常見事情，有時甚至連對另一半都要保密！）
- 商業計畫與行銷策略。
- 產品資訊與企業情報。

總結來說，為自己而守的祕密，多是要避免負面的社交後果，或是保護個人、財務方面的優勢。

接下來要討論另一種祕密類型——為他人而守的祕密，以及在此類別下，從工作專業及個人角度來深入探討重要子類別。

利他型的守密動機

如同字面所示，這類祕密是守密者為了他人或組織的利益而守密。守密者可能是個人，也可能是公司、機構或政府單位等組織。這類祕密與其他祕密類型的主要差別在於「善意」，此類祕密背後的動機多是出於「好的意念」，可能是為了保護他人或其感受，或是為了保護自己任職的公司、企業或政府，或表現出自己對組織的忠誠度。

接下來就以醫學專業為例，解釋在這類型的祕密中，何謂「好的意念」。為了患者著想，專業醫療人員對於是否該告知實情，有時會陷入兩難。

舉例來說，患者因病接受治療，而且可能已是末期。與患者討論的過程中，醫生會提出一些類似情況的患者在接受治療後完全復原的案例，但醫生沒說出口的是：這是極少數的結果，而且從醫生個人角度來看，眼前患者的存活率近乎是零。這種對患者的隱瞞，是為了讓對方有希望，給予復原的動機與安慰。這是在職業上為他人而守的祕密。

儘管都是基於善意，但有一起真實案例能說明醫療人員在面對病患要求保密時的難處，以及未能與他人分享祕密的悲劇後果。這是紐澤西一家診所的護士與愛滋病患者接觸的故事。

一名受到愛滋病毒感染的八歲女童，其母特別要求護士不要告訴女兒她的病情。該護士與一名社工都很關心那名小女孩，並擔心在病房中的她會在無意間聽到別人的對話，得知自己真實的病情，因此護士與社工試圖說服其母告知女兒實情。該母親為了保護女兒，不想讓女兒面對如此殘酷的事實，因而拒絕護士與社工的建議，並堅持不讓女兒知道。

過沒多久，有一天護士在巡房時，小女孩叫住她。當時小女孩已經非常虛弱，說話極度費力，護士必須彎下腰，才能聽清楚小女孩的話。「我的病非常嚴重，」

她說。「我想我得了愛滋病。但請你保證，絕對不要告訴我媽媽，這是祕密。如果她知道了，一定會非常傷心。」在如此遺憾的情況下，護士、母親與小孩三方都為了他人、為了不必要的祕密而受苦。

保護他人的想法即便是出於完全的善意，但有時也會有不良的影響；為他人而守的祕密若不說出口，意謂守密目標（守密者試圖藉由隱藏訊息而保護的對象）是他人善意底下的受害者。

某些行業會盡全力保護為他人守密的（交易）內容，而且理由非常充分：商業價值必須建立在訊息保密的前提下——這類祕密有時會受保護長達數十年。為什麼一間公司要透過保密途徑來保護產品，而不是透過如申請商標、智慧財產法或專利權等法律途徑？因為如果是公司祕密，保護祕密的期限是無限期，但透過申請專利或其他法律機制，通常都有明確的效期長度。

舉例來說，許多國家的專利權時效只有二十年。如果可口可樂公司一開始就以申請專利的方式來保護配方，這個祕密經過五十年就不會再受到保護。

但可口可樂公司採取的方式已經成功保護其配方數十年，但過程中也不乏挑戰。二〇〇六年時，可口可樂公司的祕書洩漏商業機密，對公司造成嚴重威脅；她竊取文件及可樂新配方的飲料樣品，試圖向百事可樂公司出售機密。百事可樂公司向聯邦調查局舉報，經過祕密調查後起訴三人。祕書喬雅・威廉斯在二〇〇七年遭判刑八年。美國律師大衛・納訶爾思表示：「竊取高度商業機密是無法容忍的行為，司法單位不會允許，競爭對手也不會接受。這個案例就是最好的證明。」

在日常生活中也會出現為他人守密的情形，本質上依然是無私的，即守密者純粹是基於善意想保護守密對象，保密時間有時甚至長達數年。例如在一段婚姻中，雙方都認為無法再與彼此相處，認為應該要分開，但為了孩子，最後還是決定住在一起，這就是為了保護孩子才選擇隱瞞訊息。

也有很多情節較輕的事情，為他人守密的時限就非常短，例如生日驚喜派對或週年紀念，或是購買禮物及隱藏禮物。如果你是小孩子，就別再繼續往下讀了！世界上最大的（為他人而守）祕密就是聖誕老人。如果你能繼續保密，就不會破壞其他孩子心中的神祕魔法，代表你也在為他人守密。

為他人守密的例子包括：

- 不告訴孩子他／她的存在是「意外」。
- 祕密來源是朋友，如果說出去，會對他造成傷害，因此必須為保護朋友而保密。
- 隱藏禮物的價格，避免收禮者感到尷尬或不自在。
- 軍人或警察對配偶隱瞞危險行動，避免無謂的壓力。
- 隱藏客戶名單細節，保護客戶祕密。
- 產品研究結果，例如研究人員為贊助廠商的利益而保密。
- 醫生與患者以及律師與客戶之間的訊息。
- 警方線民與祕密消息來源，例如警察保護線民身分，確保線民安全。
- 記者保護爆料者的消息，保證其匿名性。

1-3

人類為什麼會選擇欺瞞？

根據職業、家庭情況與當下的情形，你可以從不同的人身上引導出不同的訊息，從小孩到大人都可以。但適用在小孩身上的引導技巧不見得適合大人，反之亦然。也就是說，不管你套話的對象年齡為何，只要用對技巧，都能令他從實招來——因此你必須清楚知道，祕密在人生中不同階段的功能與作用。

人生不同階段的保密心理機制

孩童時期——基於占有欲和自我保護的心態

在孩童發展的階段中，保密的心理機制可分為兩階段：第一階段為十二歲之前，第二階段是青少年時期。這兩階段都是孩童發展「個人化」的過程，也是孩童建立與他人界線的開始，他們開始做自己、變成更獨立的個體。

第一階段中，三到五歲的時間點值得注意。他們開始認識這個世界，發展出有限的保密能力。這個階段的孩子開始知道自己擁有其他人所沒有的知識，並可藉此操弄他人對事實的認知。他們學會說謊，也學會保密。

不過在早期階段，孩子其實都還不擅長打這些心理戰。這個階段的孩子無法維持不被拆穿。在認為所有的孩子都是「小說謊家」、「小守密者」之前，請各位務必記住，這是每個人必經的過程，也是人生中重要的里程碑，這段過程將會塑造出每個人獨特的人格特質。

究竟這麼小的孩子會藏有什麼祕密？又為什麼會選擇保密？有一項針對三個年級（三年級、五年級、七年級）、共一百八十名學童的研究，其設計目的在於勾勒出在成長過程中，孩童隱瞞事情的轉變模式。

研究顯示，孩子隨著年齡增長，越會隱瞞事實，主要是為了怕丟臉或受到懲罰；而年紀較小的孩子則會因為占有欲而選擇保密。

這項研究顯示，此階段的孩子已經發展出社會意識，而且可以意識到，一旦祕密洩漏，會影響人際關係。簡單來說，年紀較小的孩子會將重點擺在占有某些人事物上，所以會以保密的方式來獲取或保護自己想要的東西。這一點在年紀較小的孩子身上特別明顯，尤其是當他們大聲抱怨，或是不願意與其他孩子們一起分享玩具等物品的時候。

當孩子介於九歲到十二歲之間時，他們對社會及他人（主要是父母和朋友）的期待已經有足夠的了解。在此情況下，如果是社會上無法接受的事情、會導致尷尬或引來責罰的事情，他們都會選擇保密。

這個年齡層的小孩，在大部分的場合中都只想跟同性做朋友，性別主導了社交關係。他們通常不喜歡異性，如果跟異性走太近，可能會被同性朋友瞧不起或取笑，說「你有女生身上的細菌」或「男生的味道」等等。

這是人生重要的轉折點，在這段期間裡，孩子開始隱藏自己的好奇心，甚至喜歡上這些異性的「敵人」。他們甚至可能會有「祕密」關係，例如傳紙條、寫電子郵件或在課後交流。

不過，因為擔心祕密洩漏後的尷尬，或是朋友之間出現批評的聲音，通常孩子都會選擇保密。至此，孩子已經發展出社會意識，知道為了維持關係，什麼事情需要保密。

有些小孩選擇向家長傾訴、尋求建議，但畢竟還是少數。大部分的孩子會因為怕尷尬、或預期會被罵或被處罰，故而認為這些事得徹底保密。

一旦被發現與異性朋友太過接近，很快就會在校園中傳開，變成大家嘲笑捉弄的對象。當事人通常會全盤否認，然後被笑久了，這段關係也會畫下句點。一旦祕密揭露，隨之而來的尷尬及人際上的閒話就會排山倒海而來。

青少年時期——選擇性地表露自我，塑造形象

個人化的第二階段發生在青少年時期，此時是孩子脫離童年束縛，邁向成人的階段，孩子對父母的依賴程度降低，但對朋友的依賴與社交網絡的支持需求度上升。這並非代表父母變得不重要，而是因為青少年的情感開始獨立。

青少年時期，孩子開始意識到，原來父母並不是無所不知，進而選擇挑戰父母。隨便問問任何一個有青少年孩子的家庭，相信這些父母對這種情況都頗有共鳴吧！孩子對父母的保密能力及動機都會增加，這就是表現情感獨立的方式。

他們也變得擅長說謊及隱藏訊息，不只是對父母，對其他人也一樣。他們學會如何操縱訊息來達到目的。他們會透露部分訊息，也會隱藏某些事情，甚至會

編造訊息來操作外界對自己的看法或觀感。觀察青少年的臉書就可以清楚看到這一點。在社交媒體的網站上，只會出現想塑造他人對自己觀點的訊息（包括照片），至於其他的事情一概保密。

所以，現在我們可以說孩子是小說謊家、小守密者吧！但大人是否其實也會做同樣的事呢？大多數的成人會承認自己在某些情況下，也會這麼做——隱藏部分訊息，然後選擇透露其他訊息，藉此操縱他人對自己的觀感。這無關乎當事人的品行優良與否。

這種情況可能會發生在第一次約會、工作面試、參加宴會或會議時，甚至是對父母或手足——這都是非常正常且可以理解的人類行為。

雖然對父母保密是青少年發展過程中必經的正常階段，但這是一種健康且應受到鼓勵的行為嗎？有項大規模研究以將近一千兩百名的青少年為受訪對象，調查對父母親說謊的利與弊。

結果顯示，如果對父母隱藏太多祕密，可能會導致危險或傷害。這項研究發現，青少年對父母保密的原因可能與導致自卑、壓抑情緒、壓力程度增加等心理狀態的弱勢有關。除此之外，侵略性以及少年犯罪的程度也會增加。

對青少年而言，背負過多祕密導致的心理負擔可能會對身心造成影響。雖然保密有助於情感獨立，但若是在青少年時期過早建立，會導致孩子過早以成人的方式處理「現實社會」的人際關係，但卻缺乏大人的支持與建議。這對青少年可能是一種傷害，最直接的後果就是漸漸與外界隔離。

對父母而言，這類的風險清楚顯示出知道孩子心中祕密的重要性。本書的引導技巧應該有助於父母在與孩子的對話過程中，讓孩子願意說出祕密，又不會覺得隱私被侵犯。

成人時期——隱藏社會觀感不佳的負面事實

至此，我們已經談過祕密隨著年齡增長而發展的方式，知道保密行為是童年階段及青少年時期間正常發展的一部分，但我們也發現，背負祕密對小孩及青少年會造成某種程度上的負擔及負面影響。

但隨著人格發展健全，人們就得以擺脫這些負面影響嗎？研究結果顯示，即便進入到成人階段，有害的後果還是非常相似。

所以，成人究竟是如何保密？目前已有許多研究試圖探索成人祕密是否有特定的主題。多數研究顯示，最主要的祕密主題與性相關，其次是與失敗相關的祕密，包括讓他人知道自己有心理疾病。與性相關的話題不僅限於性行為本身，也包括了相關的行為，例如性幻想、性功能障礙、性病、私生子和墮胎。在研究過程中，相關人員最常接觸到與性相關的祕密包括：

- 我跟另一半在一起已經有十四年，也有孩子了，但我從來沒有告訴他我有變裝。
- 我是已婚婦女，跟羅馬天主教的神父發生過不正常的關係（雖無性行為）。
- 我已經結婚十二年，婚姻很幸福，但幾年前曾發生過一夜情。我很後悔，但這件羞恥之事是我得保守一輩子的祕密。

與失敗相關的祕密包括在各方面自我觀察後發現的不足，包括財務、精神、身體、社交與才智等方面。最近有一份關於失敗的相關研究，是調查懷孕期間抽菸的頻率。參與此研究的婦女當中，有百分之三十四表示（在懷孕期間）沒有經常抽菸，但尿液檢查結果卻揭露了她們不為人知的祕密。

這些婦女試圖隱藏此一訊息，最主要是怕祕密揭露後的尷尬，並且擔心外界負面觀感（懷孕期間抽菸）。其他類似的例子還包括：

- 家人以為我固定都會去教堂，但其實我已經一年多沒去了。
- 我開名車、穿時尚的衣服，看起來很成功，但其實信用卡已經刷爆了。除了銀行外，沒人知道我的財務窘況。
- 我是資深管理人員，管理許多學歷比我高的人。他們都以為我有高學歷，但其實我連高中都沒畢業。

另一種常見的成人祕密是「掩飾」，意指一個人透過虛假的表現來掩蓋事實、進行保密。成人會以掩飾方式保密的例子包括：

- 我的表現讓大家都看不出來其實我很害羞。
- 我是個極度不穩定且沒有安全感的人，但我隱藏得很好，大家有問題都會來找我幫忙，因為覺得我很可靠。其實我覺得自己沒資格幫別人，但如果說實話，我又會覺得很沒面子，甚至把大家嚇跑。
- 我有高度的憂鬱症，但工作時我都表現出很開心的模樣，我會講笑話，甚至過度隱藏自己真實的感受。沒有人知道我真正的想法。

很明顯，雖然保密的重點會隨著年齡增長而改變，但保密確實是人類發展的正常過程。心中藏有太多祕密會導致精神負擔，無論是對小孩、青少年或成人都有不好的影響。

特別需要使用套話技巧的場合

家庭

本節將檢視家族間的祕密及其影響。在家庭裡，家庭的組成結構是關鍵，意即：傳統家庭（父親與母親）、單親家庭以及混合家庭（領養、再婚……等等）。

然而，相關研究也指出，無論家庭的結構方式為何，關於祕密的數量、內容、功能或目的都極為相似。部分研究結果顯示，百分之九十九的人都會對家人隱藏至少一個祕密。這類型的保密其實非常常見，基於個人隱私和對他人的接受度，以及個人獨立性等原因，幾乎所有人對家人都有祕密。

大部分的家庭都有自己人才能懂的笑話，這有助於加強家庭認同與親密度。日常的家庭瑣事也可能包含不愉快的事情，例如無法負擔出國度假的費用、雙親其中一方失業，或是祖父母過世。

但以上這些都稱不上是「家庭祕密」，孩子們在成長過程中經常聽到父母討論的內容也不算，充其量都只是常見的家務事。

那麼，究竟什麼是「家庭祕密」？這類型的祕密是指家庭日常生活以外的「祕密」，例如：

- 雙親之一對藥物、酒精或非法藥物成癮。
- 悲劇事件。

- 精神殘疾或相關情況。
- 墮胎。
- 領養。
- 亂倫。
- 愛滋病。
- 同性關係。
- 戀童癖。
- 飲食失調。
- 虐待孩童或配偶。

家族間的事務深層且私密，會讓家庭成員在心理上不願意對外人、甚至是與其他家人討論。不同的家庭對相同事件或訊息的處理方式也大不相同，有些會開誠布公地討論，有些則會試圖隱藏訊息，使其成為家庭中永不對外提起的祕密。有時候家庭祕密只有一部分的家人知道，而其他家庭成員則始終一無所知。

某些家庭會明令不能對外界透露家庭祕密，某些人會出於對家庭的忠誠選擇遵守，或擔心透露後會使家庭蒙羞、造成問題的罪惡感而選擇閉口不提。

無論是隱喻或明示，這些家庭規則都會阻止其成員對外尋求協助或支持，甚至阻擋了醫療、社會、法律或執法單位的介入。如果能正確引導家庭成員說出祕密，親人或專家便能幫助受影響的當事人說出被隱藏的訊息，並從中介入協助。

抱持「家醜不可外揚」的心態不去面對，會對家族成員造成負面影響

以下案例說明，如果沒有適當處理家庭祕密，會對下一代產生何種負面影響。

有一家人，家裡有兩個年齡相仿的男孩，一個叫約翰，一個叫彼得（當事人名字經過修改）。約翰的成長過程跟一般男孩子無異，但彼得是同性戀，並且在青少年時期就發展出對小男孩的異常性趣。

在十五歲到十八歲之間，彼得騷擾過數名小男孩，也使其父母接到過不止一次的抱怨。基於某些不明原因，警方並未對此採取任何動作。約翰的父親（一位知名律師）與母親也從未與相關單位討論過此問題，就連在家裡都沒提過。雖然

約翰心裡有數，也覺得彼得的行為有錯，但他同時也有強烈的義務感，認為此事要保密——與父母親處理此一事情的態度一致。約翰認為在這個家裡有「不能說出口的默契」，家裡誰都不要提起彼得的「狀況」。

幾年後，約翰結婚並育有一子。基於保護家庭祕密的自然反應，約翰並未告知妻子關於彼得的戀童癖行為。有幾次，約翰和妻子出門時，都拜託彼得照顧孩子。結果，彼得無可避免地還是猥褻了約翰的兒子，並且被發現。約翰只好對妻子說出了原生家庭的祕密（彼得是戀童癖者），而妻子的震驚也是可以理解，並且非常憤怒約翰事前對於保護兒子如此重要的訊息竟然隻字不提。在此事發生沒多久後，約翰的婚姻也畫下句點。

上述案例說明，最讓人不願提起的家庭祕密會如何形成一種緊密的連結，超越婚姻的信任，甚至因此危及到守密者自己的孩子。

家族間的祕密或許不堪且具有傷害性，也會因此對此家庭中的孩子造成負擔，他們可能得一直背負祕密、不能對外人談起（就像約翰的情形），但也可能是家庭中始終不知道祕密的那個人。

若能正確運用本書第三章與第四章所提供的引導技巧，就能幫助那些活在沉重家庭祕密陰影下的人。

目 職場

一般人在職場上會需要使用大量的套話技巧，以達成目的，以下就針對經營管理、面對客戶，以及醫生面對病患時的狀況為例說明。

當你一心想要向客戶介紹商品，或是真心想要幫助病患，若能先了解為何客戶及病患會對你有所隱瞞，便能善用引導技巧來解開謎團，進而提供更好的服務。

同樣地，如果你對管理階層所說的內容有所懷疑，若能先了解上司隱藏祕密的動機，也有助於你順利解開祕密，這不僅能保護你個人利益，有時甚至能保住你的工作！

突破經營管理者的心防，就能掌握商業情報

二十一世紀的商業行為是建立在高度敏感的訊息之上，例如專業技術、軟體或創新設計等。取得對手的祕密便能獲得競爭優勢。因此就邏輯上來說，企業需要保護的訊息包括客戶名單、商業計畫、運營方式以及員工資訊，這些對其他公司而言，都是商業上的無價之寶。無論是公家機關或私人企業都有其需要保護的商業機密，同時也都想知道其他組織的祕密。

要知道，竊取上述機密資訊是違法的。為了避免員工非法竊取商業機密，大部分的公司都有先進的網路保護系統、檔案追蹤及電子郵件監控等措施，確保一旦發生任何非法取得資訊及洩漏訊息時，公司可以鎖定特定員工進行追查。這一點非常重要，因為一間公司最寶貴的資產是資料，而且往往在彈指之間、點點滑

鼠就能洩漏出去。

要強化資安，公司就必須採取進一步的動作，例如透過登入電腦傳送安全訊息，藉此提醒員工，任何與公司相關的敏感訊息不能對外傳遞，並強化須知原則，要求員工簽署保密協議。或許你會覺得這些限制行為有點太超過，畢竟就算有人洩漏機密資訊，只要可以向對方提出民事損害訴訟賠償即可。但是，在許多情況下，一旦祕密被公開，任何的損害賠償都已顯得微不足道，因為事情一旦發生，就法律上來說，祕密已經不再是祕密，所有人都可以任意自由使用該資訊。一旦發生這種事情，公司就永遠無法挽回其所失去的競爭優勢。

部分先進的公司會教導員工一些基本的反制引導技巧，一旦有人想神不知鬼不覺地引導員工說出訊息時，他們便能察覺並採取反制措施。此一技能的必要性與日俱增，因為現在有越來越多的公司會利用引導技巧，讓對手公司的員工在不知不覺中透露機密消息。

這件事情值得注意的原因在於，若是透過科技或以金錢收買對手公司員工，進而取得資料或其他敏感的商業資訊，這無疑是違法的犯罪行為。然而，如果公司是利用談話的引導策略，導致對手公司的員工在無意間說出機密資訊，這就能算是該員工缺乏判斷能力了。

在企業的核心體中永遠都有一小群受到信任的資深主管，這個小小的「信任圈」掌握該組織中最敏感、最重要的祕密。如果你想知道一間公司或組織單位的情報，你就應該鎖定這群人，在他們身上善用引導技巧。有些人認為，這群人應該是最不容易鬆口說出祕密的人，但在第二章中的「拋出引導線」會教你，該以何種策略應對資深主管的特定弱點。

目 提前知道人事變動，保障自身工作

組織單位中的「情報菁英」對於某件最常祕密策畫的事情有各種不同的說法，包括：「人力重組」、「組織或部門重新調整」、「績效檢視」、「重組」以及「自願離職審查」（涉及的對象通常都是非自願的）。

在大部分的情況下，不管用什麼文字包裝，文字背後的意義都代表失業的可能性。在告知受政策改變影響的當事人之前，這類的決定通常是「信任圈」中的人士關起門來、經過數週的策畫，絕非公司高層一時興起的決策，而資深主管則

會在消息公布前盡可能拖延保密時間。

原因有幾點：第一，當公司員工知道自己可能丟工作時，很自然會開始找其他工作，而且最有能力的人往往會先找到新工作，留下來的大多是貢獻度較低的員工。第二，資深主管有時候會認為，如果裁員的消息提早洩漏，企業會有遭到破壞的潛在風險。而對決策不滿的員工，如果一有機會，可能會干擾公司的正常運作，或是找機會報復。

如果我們能將英國的一項調查結果視為指標，就能找出員工恐懼的因素。該調查結果發現，百分之八十八的資訊科技主管表示，如果他們被裁員，不免會竊取公司機密，包括總裁的密碼、公司的研發計畫以及客戶資料，這就不難理解為何某些資深主管會擔心裁員計畫提前洩漏。

往好處來看，在公布人事變動之前，通常會有數週的策畫時間，你可以在這段期間善用本書技巧，獲得機密情報，好好保護自己與工作。有備無患！

在企業中運用引導技巧，就跟大部分的臥底行動一樣，在道德上都處於灰色地帶。如同先前提過，本書的立意並不是要助長犯罪行為，亦非為人們在使用解密技巧時提供道德指引，而是要幫助讀者在各種不同的情況下，知道該如何運用引導技巧，令人說出關鍵資訊。然而，如果（在合法情況下）取得其他公司的機密資訊很重要，那麼引導技巧則可視為是企業可行的選項。

客戶的祕密

如果你是醫生、律師、心理學家、顧問或其他專業人士，你應該會期望得到客戶的信任，讓對方對你掏心掏肺，畢竟你的工作是要幫助他們，不是嗎？

他們知道你有職業道德，而且在某些情況中，就法律上而言，你有義務為他們保密，你也努力與客戶開誠布公地溝通，盡全力捍衛客戶的利益。因此，就邏輯上來說，他們不會也不該對你說謊。但，事實真的是如此嗎？

如果你有看過我的另一本書《國際犯罪學家教你分辨真偽、立破謊言》，應該早就知道幾乎所有人，在各種情況下都有可能說謊，而且不少研究結果都能支持此一論點。

有一項研究結果顯示，近百分之五十接受長期治療的病患在面對他們所屬的諮詢師時，說話依然有所保留。在另一項研究中，即便已經白紙黑字載明實驗結果絕對保密，參與實驗的家長及青少年依然隱瞞藥物使用情況，但隨之而來的毛髮檢測分析結果依然透露了事實。請記住，參與者都有白紙黑字的書面保證，明確指出實驗結果會保密，而這也點出另一個問題：在缺乏書面保證的情況下，客戶或病患的誠實度又有多高？

難道這比例之高，是因為實驗受測者本身有犯罪行為嗎？請回想本書先前曾提過的一項類似實驗結果指出，百分之三十四的受測婦女表示自己在懷孕期間並未頻繁吸菸，但尿液分析結果卻非如此。這說明客戶或病患選擇保密不見得與其本身是否有犯罪行為相關。那麼，客戶為什麼要對幫助他們的人有所隱瞞呢？

阿妮塔・凱莉以各類醫療患者對其治療師保密程度進行相關研究，她發現超過半數的患者要不是害怕說出真實感受、不好意思開口，或是羞於啟齒，要不就是不想讓治療師知道自己的進展有限。這些研究發現都有其關聯性。

想想看，即便是有執照的專業人士試圖與客戶建立一段坦白而誠實的關係，雙方之間仍然存有權力的不對等關係，導致某些客戶覺得自己在某種程度上，依然會受到專家的道德評判。

舉例來說，辯護律師的客戶隱瞞犯罪事實，藉此表現出自己是個「有價值」的人，或者藉此避免羞恥感或尷尬。同樣地，有百分之十三的抽菸者會對自己的醫生隱瞞抽菸事實。在隱瞞抽菸事實的人當中，有三分之二的人是因為想要避免他人對自己的習慣進行評判或說教。上述兩例中的當事人都知道自己所說的訊息會受到保密，內容也不違法，更重要的是，兩例中的當事人如果誠實相告，都能獲得更好的支持，但他們最終都還是選擇隱瞞訊息。

如果當事人選擇保密，那麼專家要如何幫助、治療、支持或維護客戶的利益？答案很簡單：沒辦法。如果你處在這種情況下，試圖要從客戶或病患身上找出被隱藏的訊息，就必須趕緊告知對方，他所說的任何事情都會受到特別保護，在合法情況下都不會被洩漏，除此之外，對方也不會因為所說的內容而受到批判或說教，只會得到更好的支持與對待。這樣應該有助於緩解客戶或病患隱藏訊息的主要動機。

此外，利用第三章與第四章的引導策略將有助於客戶或病患說出他們所隱藏的訊息，並且得到更好的支持。

祕密關係產生的邊際效應及心理學理論

我之所以想在本書中討論這部分，其中一個原因是因為由祕密關係而發展出來的吸引力，是拉出引導線重要的一環，這點在本書稍後會進一步探討。仔細探究此現象有助於迅速與新朋友建立關係，並且鞏固既有的人際與專業關係。

何謂「祕密關係」

不過，在深入討論之前，我認為讀者們應該要先知道何謂「祕密關係」。所謂祕密關係，可能是指一段關係中的祕密，也可能是指一段不為他人所知的祕密關係。

例如高層主管與他的私人助理發生外遇，在公司所有人面前，兩人的關係純粹只有工作，但私底下卻發生性關係，且辦公室裡的其他人對此事一無所知。在此情況中，公司同事不是因為沒注意才不知道，而是因為當事人刻意對眾人隱瞞這段關係。如果兩人的關係公諸於世，對當事人一方或雙方都會造成傷害，也可能得罪他人。

同樣地，競爭公司之間的員工也可能有祕密關係。基於友誼，他們可能會與彼此分享各自公司內部的事情。當然，因為雙方公司不會允許這種事情發生，故雙方便會選擇隱瞞彼此的友誼關係。

一段祕密關係也可能是「單向」的，例如暗戀某人。這類關係包括一個人在對方不知情的情況下，產生單純的迷戀或情感（例如對電影明星，對有互動過或一起工作的同事），但也可能包括不懷好意的糾纏關係。

祕密關係最強烈的指標，莫過於一方或雙方選擇說謊來保護這段關係的存在。用這本書的主旨簡單來說：「當一段祕密關係的其中一方或雙方，選擇將此關係本身或涉及的祕密訊息只有當事人知道，而不讓他人知曉，此即祕密關係。」

一段關係中的祕密種類及影響範圍，涉及到相當複雜的心理學領域，而且此一專業領域還有許多地方尚待發掘。但目前很清楚的是，從研究結果來看，祕密的確會提升吸引力。簡單來說，在祕密關係中所牽涉到的人往往會放大感覺、甚至受到不成比例的吸引。

上述說法可由一項研究結果證明。在該研究實驗中，有兩組人同時持續密切觀察一名異性。一組受測者被告知不需祕密觀察，因為被觀察者已經知道此一事情；另一組人則被告知需要祕密觀察，因為被觀察者對此並不知情。研究結果顯示，比起非祕密觀察組，被觀察者在祕密觀察組的人眼中較有吸引力。

此一現象也發生在真實生活中的執法監視行動中。在澳洲有一項針對犯罪組織集團的調查，懷疑該集團進口古柯鹼、迷幻藥和偽麻黃素。由於該犯罪集團行動都非常小心，對其監控行動長達一年以上。

在調查期間，祕密監控行動包含合法監聽對話及電話內容、跟監、拍照及對主要嫌犯行動進行錄影蒐證。在二十四小時跟監的情況下，這種有效監控無異於窺探著嫌犯生活中的一舉一動。在這場特定行動中，其中一名探員對犯罪集團其中一名成員產生著迷、受到吸引，最後該探員甚至與嫌犯發生肉體關係。這顯然是極度不合宜且危險的行為，但也說明一段祕密關係產生的影響有多麼巨大。

祕密關係所產生的吸引力並不限於肉體，也可能是情感或心理。我們稍後會討論到，守密者通常會跟自己「喜歡」的對象分享祕密。我們可以利用祕密關係的本質來增加自身的吸引力，讓他人「喜歡」我們。這些策略在約會、婚姻、工作上，以及引導對方說出隱藏訊息時都特別管用。

舉例來說，某人想知道競爭對手公司的內部消息，當此人找機會接近對方公司的員工時，在兩人對話的過程中，他故意放出假消息，說：「這件事只有你我知道，我們公司的生意掉了百分之三十四，公司裡大家都不談這件事，但如果情況沒有改善，我想我們公司遲早會有麻煩。我只告訴你，你千萬別告訴其他人。我想你們公司狀況應該還不錯吧？」如果對方回答出類似的「內部」消息，則兩人之間就形成了祕密關係——一旦有人問起，任何一方都不會承認。

研究顯示，**訊息的內容與本質會造成的影響有限；祕密共享的行為所增加的親密感遠超過祕密本身的內容**。丹尼爾．溫格博士曾針對祕密關係進行研究，結論是祕密關係會發展出最佳吸引力，他表示：「祕密顯然會形成一種具有力度的社會連結感，是個人吸引力的基礎，也是與伴侶建立關係的開始。」很顯然，祕密關係會讓陌生人之間建立起親密感，如果沒有祕密的存在，陌生人間的關係就不會更深入。然而，祕密關係也可能導致癡迷。

三　白熊理論

如果要探究一個人內心的祕密，我們就得刻意經營雙方的關係來創造自身的優勢，透過分享祕密來提升守密者對自己的喜愛度，並且放大其分享祕密的欲望。

但是，採取這種做法也要適度，畢竟我們不希望自己最後變成守密者過度迷戀的對象。

有個俄羅斯的故事或許可以幫助讀者了解祕密關係為何會導致莫名迷戀。該故事是敘述一名男子叫弟弟坐在房間的角落，並且不要去想任何跟白熊有關的事。當他弟弟越努力壓抑不想白熊，他想到的次數就越來越多，而且多到他幾乎沒辦法停止。

將同樣的概念運用在不同的場景時，「白熊」現象便是我難以抗拒的事情——或許在你身上也一樣。在一個安靜且受控制的場合中，例如在演講中、在電梯裡、在課堂上，甚至是孩子在學校整隊集合時，當某人悄悄對我說：「不要笑。」這句話就彷彿魔咒般，瞬間瓦解了我的鎮靜。對方什麼都還沒說，我就已經先笑了。

事實上，從那一刻起我就已經輸了，因為我越努力不笑，越覺得周遭事物莫名有趣！導致我不只一次在應該要表現正經的場合致歉離席，到外頭大笑一場──即便我沒聽到那句話的完整訊息。我越努力不笑，想不笑就越困難！這就是活生生的白熊理論。

溫格博士曾測試過「白熊理論」。在實驗過程中，他讓受測者帶著錄音機進入房內五分鐘，錄下心中所有的念頭。在每個人進入房間之前，有一部分的人被告知要想白熊，另一部分人被告知不要想白熊。在房內有個鈴，每當受測者想起白熊，便要響鈴一次。結果顯示，越努力壓抑不能想白熊的受測者，響鈴次數遠高於可以想白熊的人。

有趣的是，在引導他人說話的過程中，當角色互換，原本被告知不要想白熊的人變成可以自由想白熊時，他們響鈴的次數遠超過一開時就可以自由想白熊的群體。換句話說，如果有人一開始努力隱瞞訊息，而之後又有機會可以自由說出時，他們便會說出比原先隱瞞訊息量更多的事情——遠超過一開使就能自由說出訊息的人。

這意味當我們想引導某人說出他已刻意隱瞞很長一段時間的訊息時，相較於一開始就不是祕密的訊息，這些被隱藏的事情一旦找到出口，守密者便會說出更多消息。簡單來說，**一旦守密者說出部分隱藏的內容，他就會有動力繼續透露更多資訊**。

我們可以在引導他人說出訊息時善用這一點，只要想辦法讓對方先跟你分享祕密，任何祕密都行，哪怕是小祕密也好，一旦對方說出口，你與他之間就建立起祕密共享的關係，只要再稍加施力，微不足道的小祕密也能開花結果，帶出你想知道的完整訊息。

說出實情的解放感，有助於當事者的心理健康

針對祕密的本質以及對守密者（或者守密者認識的某人）的影響程度而言，一個人可能會在情緒傷害減輕到比較可接受的程度後，才會說出某些事情。守密者可能會跟紅粉知己、伴侶或朋友分享事情，但也可能將事實永遠埋藏在心底深處。

我們已經知道先前提過的祕密關係所產生的影響與「白熊實驗」結果一致，

即越努力壓抑想法，越可能出現反射性思維，而且涉及祕密的人物或事件會占據守密者的心中。想想一個人需要耗費多少精力才能守住祕密，再加上不斷出現的反射性思維及著迷狀態，如果這個重大祕密永遠沒有公諸於世的一天，守密者的身體或心理不會出問題嗎？

大部分的人會認為，心中長期隱藏重大祕密之人的壓力會上升，但值得注意的是，目前已有可靠的研究指出，其影響結果遠甚於此。有一項研究是以三百四十四位隱藏祕密訊息的大學生為實驗對象，在外人眼中，這些人都帶有負面特質，例如害羞、憂鬱、焦慮及沒自信；在另一項研究中，有一群因精神失常而住院的孩童，深入調查後發現，這些孩童的失常都源自於長時間背負「家庭祕密」的壓力。

上述的例子或許有些極端，而我也不是要表示心裡藏有祕密就一定會導致嚴重的負面後果。但是這些研究結果支持了大部分人的想法，認為保密而造成的精神緊繃無可避免地會影響守密者的心理狀態。

而對守密者所造成的影響範圍也不僅限於心理。有一項針對成人服務工作者的大規模控制實驗顯示，對他人隱藏祕密不僅會直接導致憂鬱和焦慮，也會造成生理影響，例如出現頭痛和背痛等症狀。

另一項關於男同志健康情況的研究結果更是出人意料，並且證實隱藏祕密不只會影響一個健康人的心理，也會影響生理。該研究以健康的男同志進行比對，一組是向外界公開性向，另一組是隱瞞性向。經過五年後，後者罹患癌症的比例較高，且較容易受到疾病感染，例如肺炎、支氣管炎、鼻竇炎及肺結核。根據史蒂芬・科爾博士以及參與此項研究的人員表示：「這些影響無關年齡、種族、社會經濟地位、壓抑型態、健康行為模式（例如用藥與運動）、焦慮、憂鬱或通報性誤差（例如消極情感、社會期許）。」他們生病不是因為他們是男同志，而是因為隱瞞了這個祕密！

很清楚的是，現在已有許多研究顯示，長期隱藏重大祕密會對守密者的身心造成影響。

所以，如果保密會導致生病，那麼說出祕密能「治病」嗎？簡單來說，是可以的。有一項研究指出，願意與人分享祕密的乳癌患者存活期較長。這並非是單一研究的結果，有許多其他可靠的研究結果也發現類似的益處。

詹姆士．潘納貝克博士曾研究過祕密對人體的影響長達二十年，並且得出有趣且實用的結果。潘納貝克博士探討為何守密者較容易出現醫療問題，而如果人們願意說出自己的遭遇，則健康情況會有大幅改善。這些結果非常驚人。在兩個不同的實驗中都顯示，寫下自己經歷過的創傷，會對守密者的健康有立竿見影的成效。

有一項研究以大學生為對象（大學生似乎是科學家最常用的白老鼠），將實驗參與者分成四組，連續四天記錄以下其中一項主題：

- 微不足道的事件。
- 關於創傷的事實陳述。
- 與創傷相關的情緒。
- 與創傷的事實陳述及相關情緒。

在寫完這項測試的六個月裡，相較於其他三組，寫下「與創傷的事實陳述及相關情緒」這組學生前往健康中心的次數明顯較少。

另一項研究實驗（同樣是大學生）是比較受測者在寫下微不足道的事件以及創傷事件後的免疫系統反應能力；同樣也是連續寫四天。相較於寫下微不足道事件的學生，寫下創傷事件的學生其免疫系統反應較佳。這些結果清楚顯示，透過文字紀錄分享創傷，對當事人的健康有正面幫助。

坦白並誠實寫下創傷事件的人，其焦慮程度較低，負面想法也較少。更讓人意外的是，這些結果及後續實驗都證實如果一個人連續四天、每天花十五至二十分鐘寫下心中的祕密，對改善當事人的健康有立竿見影的成效——即便寫完後隨即銷毀紀錄，沒有別人看過！

或許有一天，你需要引導某人說出祕密，希望能給對方更好的支持或幫助。如果對方覺得他所隱藏的祕密難以啟齒，沒辦法對任何人說，你或許可以試試潘納貝克博士的做法，讓對方寫下祕密，然後銷毀那張紙。如此一來，對方不必將祕密告訴任何人（寫下即可），也能因此受益。

本章重點

- 祕密有兩種：自私型和利他型，自私型是為了守密者的自身利益，而利他型則是為了他人或其他組織的利益。
- 研究顯示，孩子隨著年齡增長，越容易傾向選擇保密，以避免丟臉或受懲罰；而年紀較小的孩子則會因為占有欲而選擇保密。這顯示孩子已經發展出社會意識，並察覺一旦祕密洩漏，會影響人際關係。
- 年紀較小的孩子會將重點擺在占有某些人事物，會以保密的方式來獲取或保護自己想要的東西；年紀較大的孩子會因為行為不符合社會期待而選擇保密。
- 青少年的保密行為有助於發展情感獨立，但若是過早發展保密獨立的情緒，會導致孩子過早以成人的方式處理「現實社會」的人際關係，但卻缺乏大人的支持與建議。
- 如果對父母隱藏太多祕密，可能會導致心理問題，例如自卑、壓抑情緒、壓力增加、具有侵略性及產生違法行為，甚至降低自我控制的能力。

- 青少年階段開始善於為達目的而操弄訊息，也會編造訊息來影響他人觀感。
- 成人背負過多祕密所造成的負面影響，與祕密對童年及青少年時期的不良影響相似。
- 研究顯示，成人最主要的祕密主題與性相關，其次與負面的社會觀感有關。
- 研究指出，無論家庭的結構方式為何，關於祕密的數量、內容、功能或目的都極為相似。
- 家庭祕密是一種深層祕密，會讓家庭成員在心理上不願意對外人、甚至是與其他家人討論。

91

- 無論家庭的構成型態為何，如果家庭祕密沒有得到解決或置之不理，可能會影響到下一代，導致家人之間形成一輩子的溝通障礙。
- 所有的公司企業都會為了保護利益而隱藏訊息。在組織的核心體中永遠都有一小群人受到信任，他們掌握組織中最敏感、最重要的祕密。如果你想知道公司或組織單位的情報，就應該鎖定這群人，在他們身上善用引導技巧。
- 敏感的商業訊息最好選擇保密，而不要透過法律途徑（例如商標、專利權或智慧財產法）來保護。因為如果選擇保密，則祕密的有效期是無限，但透過法律機制，祕密只有在特定時間範圍內才算祕密。
- 研究顯示，無論事先如何保證，專家與其客戶，或是醫師與患者互動時，多數人都還是會選擇隱瞞相關訊息。
- 當一段關係的其中一方或雙方，選擇相關事情只讓當事人知道，而不讓他人知曉，此即祕密關係。這種祕密關係也可能是「單向」的，例如在對方不知情的情況下對其產生迷戀。

- 祕密會形成一種具有力度的社會連結感，是個人吸引力的基礎，也是與伴侶建立關係的開始。
- 引導他人説出訊息的目的之一是要讓對方願意跟你分享祕密，任何祕密都行，哪怕是小祕密也好。一旦對方開口，就會降低説出完整訊息的抗拒性。
- 有大量研究顯示，長期隱藏重大祕密會對守密者的生理及心理造成影響。
- 根據詹姆士·潘納貝克博士的研究結果顯示，如果一個人連續四天、每天花十五至二十分鐘寫下心中的祕密，對改善當事人的健康有立竿見影的成效。

CHAPTER TWO

第二章

科學化的套話技巧

如果你已經讀完第一章，現在對於人們為何會隱藏祕密應該已有完整了解。在進入第三章與第四章探討如何套話之前，我們先來學習一下相關的必備知識。

俗話說：「知識就是力量」，這句話在正常情況下沒錯，但若一件事情已經有太多人知道，力量就會變小。然而，祕密的內容依然有其力量，也能為守密者帶來明顯優勢。反過來說，祕密可能會對守密者造成傷害，例如某些家庭祕密（在第一章曾討論過），或是小孩隱瞞在學校受到虐待或霸凌。以後者為例，若守密者願意（跟父母、老師或諮商師）分享祕密訊息，就能降低對自身的影響，並且淡化負面效應。

若父母、老師或諮商師能接觸到對孩童所造成的傷害性祕密，在了解情況後，便能為受到傷害的孩童提供更好的支持。在商場上，若能知道對手公司所隱藏的資訊，這無疑是一大益處。對資深主管、人力部門主管及公司的面試官而言，如果能接觸到被隱藏的訊息，就能看清楚真相，也為決策過程增加明顯的價值，改善工作環境的管理。

對警察及執法專業人員來說，如果能不需強迫目標對象，讓他自願說出祕密，便能大大提升調查的準確性與成效度，所取得的證據也會更加可靠。在日常生活中，某些人際關係、朋友，甚至是親密伴侶都可能對我們有所隱瞞，因此如果能知道他人隱瞞的訊息，便能較好的保護自己，或是更了解對方。

在所有的情況下，如果能知道他人對我們所隱瞞的訊息，這將是一大優勢。如果我們是他人隱瞞祕密的對象，這只會讓自己處於弱勢、甚至不利的處境。儘管如此，有時人們還是會選擇保留訊息，只讓自己或特定人士知情——但就是不讓你知道。所幸在保密方面還是有些科學根據，加上利用人際關係技巧來挖掘祕密——這就是所謂的引導過程。

2-1 何謂「引導」？

無處不在的套話術

「引導」是政府情治單位、祕密行動、臥底等單位或人員常用的詞彙及策略，描述透過微妙的語言內容，讓目標說出情報。簡單來說，引導就是一場有計畫、一步一步取得訊息的對話過程。在一般情況下，如果直接詢問，目標可能會拒絕提供訊息，但如果是懂得善用引導技巧的密探和間諜，便能從目標口中獲取大量資訊。

有些人可能認為這類的活動只會發生在間諜世界裡，與普通人的日常生活無關。但我不這麼認為，因為我們每天都是引導技巧下的受害者。

無論是個人或公司都不斷試圖從我們身上獲取資訊。現在請你稍稍暫停，回想一下自己是否曾在網站上註冊時，對方要求你先提供某些個人訊息，方能進一步取得留言評論功能、撰寫部落格、收到特殊優惠或折價券、進行購物、加入網路論壇，或是進入訂閱者閱讀專區？你是否曾填寫過參加抽獎的問卷，或是將名片留在某間商店的玻璃缽中，而該店每個月會提供獎品給其中一張名片的主人？這些事情看似無害，但所提供的訊息中，即便我們不刻意透露真實身分，卻還是不經意洩漏了個資。

100

想想看你手中有多少「集點卡」？你又加入過多少會員項目？舉例來說，旅行用的卡（飛行常客及公共交通電子卡）、住宿的卡（旅館積分卡）、用「紅利點數」和信用卡購物，以及加油、食品、購物、咖啡、衣服等商店的會員卡。這些都會提供點數、禮品或折扣，但也是企業「引導」你提供訊息的有效方式，包括提供個人資料到你的個人購物、飲食、旅行、財務狀況和喜好等紀錄。

你選擇的回饋方式，以及你如何選擇回饋禮，都在為蒐集訊息的公司提供重要的行銷資訊。我們使用集點卡、加入會員都已經成為日常生活中非常正常的一部分，你認為這是二十一世紀生活的一部分，並且在毫不懷疑的情況下，不斷提供更新資訊，為他人提供商業獲利的訊息。

如果這些公司是直接寫信請我們提供完整的消費及旅行紀錄，並且要求定期

101

更新，在沒有金錢回饋或禮物的情況下，大部分人都會直接拒絕。

然而，透過上述的方式，我們卻樂意自動提供訊息，而且會這麼做的人還不只你一個。這類型的「引導線」，透過承諾利益加上巧妙偽裝，便能以電子形式取得大量個資，成功在全世界數百萬人身上發揮作用——這就是企業引導，而且非常管用。

這些項目利用金錢獎勵或其他利益的「引導線」（詳情請見第三章），成功在許多人身上發揮作用。而為了讓守密者分享訊息，你所提供的「引導線」獎勵會因人因事而有所不同，但跟企業和情報單位不同的是，你不必用金錢賄賂守密者！

在工作方面，我們透過參加會議、出席商務研討會、貿易展覽和簡報說明，學到了「網絡」的重要性。簡單來說，就是跟對自己或對雙方都有利的人接觸。在這些場合上，人們互相交談，並且記住有趣或有用的訊息。在某些商業或人際網絡中，人們會刻意展開對話，藉此發展有效人脈。你應該曾看過有些人很會與人交際，建立多方人脈，甚至對許多事情看似都有洞見，這種人要不是天生就會，要不就是曾經學過套話技巧。我想，如果說引導行為是日常生活中的一部分應該也不為過，而懂得有效使用這項技巧的人，便能取得最佳優勢，保護自身利益。

守密者（商業競爭對手、說謊的客戶、犯罪嫌疑犯、職員、主管、說謊的小孩或學生）往往會拒絕直接回答他刻意隱瞞的事情。但有時候，守密者可能也不是故意的，只是在心理上對你難以啟齒或是不願仔細回想，例如犯罪事件的受害者、遭到虐待的小孩或配偶。在這兩種情況下，你就必須引導當事人說出訊息。若想成功，就必須使用不同的策略及引導線。引導並非恫嚇或強迫對方說出訊息，也不是要對方編造故事；而是要挖掘包裝在祕密背後的真相。

如果能正確引導訊息內容，對守密者及守密對象雙方都會是一段愉快的對話過程。我很確定在人生中的某個階段，你一定遇過有一種人特別難對話，對方其實也不是故意的，但你們兩人似乎就不在同一個頻率上，很難交流，笑話也不管用，或是對方怎樣就是不懂你在說什麼。同樣地，或許你也曾遇過一種過度積極或缺乏經驗的銷售員，大多時候他們只會滔滔不絕地說個沒完；或是你曾致電某間公司，但該公司的人員似乎把注意力都用在驗證你的身分上，而不是你所推銷的產品。這些都是你與守密者溝通時最不希望帶給對方的感覺。

在某些時候，你也可能遇到另一種人，你特別享受跟他對話的過程，甚至覺得可以聊上一整天。這種人有些時候被形容為「好的傾聽者」，他們不見得想從你身上得到情報，但就是可以很自然在對話中使用引導技巧。最後，你會覺得跟這種人談話很愉快，進而願意比平常時候講更多話、分享更多的細節，因為你很享受對方的存在。這就是我們與守密者互動時，希望帶給對方的感覺。

營造輕鬆的氣氛，較易順利取得想要得到的資訊

有一次，某單位在調查非法飛車黨的一名資深成員時，該成員的銀行帳戶與手機突然在同一天停止使用，這讓調查員很擔心。但想到他的護照並無出境紀錄，人應該還在國內，如果利用監控系統，應該能找到人。但是這個人就像憑空消失，毫無蹤影可尋。

一個人的活動突然在同一天全部停止，原因可能有幾點：因為被執法單位關

注，該人選擇躲藏，或是他用假護照出境，甚至可能已經被殺害了。這些都是調查員不樂見的結果。

這個人有一個關係密切、非常守法的哥哥，調查員推斷他應該會知道嫌犯的下落。在此案例中，哥哥就是守密者。如果我直接去找他哥哥詢問嫌犯的去處或發生何事，他應該不會說出我想知道的答案。

但是，在嫌犯哥哥所住的旅館裡，我運用了READ引導模組（詳情請見第四章），並且跟他聊了不同話題。在其中一段對話中，他告訴我，他弟弟到澳洲偏遠地區露營、打獵和釣魚了。

因為該地沒有銀行或手機訊號，這就能解釋為何嫌犯瞬間失蹤。我在適當時機離開了旅館。嫌犯哥哥與我有一場愉快的對話，也歡迎我之後有機會再去找他。

只要能正確引導，讓守密者感到放鬆自在，他便會自然且流暢地說出你想知道的事情，甚至不會懷疑為什麼要告訴你。這就是在嫌犯哥哥身上發生過的真實情形。

從商業角度來看，有人會問，為什麼需要套話？透過研究競爭對手公司的出版物與網路上的報告，也不需要跟任何人說話，這樣難道不夠嗎？商人也許可以花上許多小時研究對手的行銷與商業策略，針對特定公司取得競爭優勢。但這種深度研究的方法在本質上有其問題，因為印刷品內容的正確度只有在印刷當日有效，事情一直在變，網站也不可能時時更新，而企業往往只會釋放出想讓外界知道的消息。

另一方面，人會不斷更新訊息，提供競爭者更即時的情報，包括商業概念及未來營運策略，這種重要的洞察只能透過人獲得。在商業上，有技巧的執行引導策略將能得到更準確、更可靠的消息，也是單靠研究紙本或電子資料所無法取得的優勢。

要做到這一點，可以依照第四章所提供的READ引導模組進行。然而，在實際操作之前，最好先了解引導過程可分為兩種：直接引導與間接引導。不同的引導方式需要的引導工具也不同。

2-2

直接引導

簡單來說，直接引導就是對方已經知道你想從他身上獲取訊息，通常會發生在安排好的場合，例如面試；但也有看起來不像事先安排好的情況，例如父母親想知道小孩做過什麼事情，或是打算做什麼，而引導過程又不會讓孩子感到壓力。

如同字面意義所示，直接引導是直接對守密者提出問題，但不表示對方一定會回答。因此我們需要運用相關技巧，提升成功的機率。如果缺乏技巧，被隱藏的訊息依舊不會浮出檯面，因為對方有可能會拒絕回答，或是難以想起你所需要的資訊。

直接引導的例子

工作時涉及面談的場合包括：

- 調查申訴、意外或其他事件。
- 工作績效反饋。
- 面試。
- 個人審查面試。
- 審查就業記錄及確認推薦人。
- 父母或老師詢問孩子關於他所目擊到的事件經過，或是希望孩子坦承錯誤。
- 考量對方利益。父母、老師、諮商師或醫療專業人員詢問有關守密者隱藏的創傷訊息，例如犯罪事件的受害者、車禍、霸凌、悲傷諮詢等。

- 醫療從業人員詢問病患可能不願意坦承的問題，例如非法用藥、抽菸習慣、飲食失調、過度飲酒等。
- 警察、調查員和保全人員訊問嫌犯、線民或目擊證人。

由上可知，當對方有所隱瞞時，在任何情況下你都可以採用直接引導，並且讓對方知道你在尋找訊息。

三 直接引導的技巧

大部分有效的引導技巧都適用於直接引導與間接引導的情況，但如果你是握有權力的那個人，並且需要直接提問獲得想要的訊息時，有些技巧特別管用。

直接引導的技巧包括：

❶ **避免僵局**：提出預留「轉圜空間」的問題，不要將對方逼入死角。

❷ **消除權力界線，表現出同理心**：與對方迅速建立關係，使其敞開心房。

❸ **提出開放式問題**：如此一來，對方就不能僅以回答「是」或「不是」的簡單答案來結束對話。

❹ **善用沉默**：讓對方開口。

上述四種技巧搭配 READ 引導模組非常管用，接下來逐項舉例說明。

一 避免僵局——提出預留「轉圜空間」的問題

在面談的情況下，通常會傾向直接提出問題，直搗問題核心。但這種方式往往會以對方拒絕或堅持否認收場，並且耗盡對方溝通的意願。這種無效做法會讓雙方陷入僵局。

老師：「告訴我，是誰丟球打破玻璃的？」
學生（守密者）：「我不知道。」

工作意外調查員：「是你沒弄乾地板嗎？」
嫌犯（守密者）：「不是。」

店員：「你穿過這件衣服嗎？」
消費者（守密者）：「沒有。」

在這些情況中，守密者都選擇躲藏、不分享自己的故事，否則就會揭露他們說謊的事實，導致尷尬、丟臉、被嘲笑，或甚至要面對罰款或懲處，因此對話就會陷入僵局。當雙方僵持不下，溝通就完全無效，也很難扭轉局面。

如果你的問題會威脅到守密者，對方當然會選擇守口如瓶，退入「否認」的角落去。一旦退到角落，除非讓對方承認說謊，否則他們永遠不會說出真相。

一旦守密者決定全盤否認，要讓他棄守祕密、說出真相，就得承受巨大的心理壓力。

我們不想讓對方陷入心理戰，糾結到底是要忠於本心，還是要維護形象，因此**關鍵技巧就是在對方退入「否認角落」之前展開行動，藉由提出具有「轉圜空間」的問題，讓對方有機會說出部分真相**；守密者有機會將事實包裝在模稜兩可的答案之中，而不必選擇直接説謊或否認。如果守密者對於一件事情有部分説謊也無妨，至少你還能得到一部分的真相。你要做的就是在接下來的對話中，從部分真相中一步一步挖掘出全面的事實。

❸ 預留轉圜空間

接下來，我們利用上述例子，將問題重新包裝成預留轉圜空間的問法。

老師：「你可以幫我找出是誰丟球打破玻璃嗎？」

↓即使孩子模糊拒絕，但他還不至於完全否認不知情，因此在接下來的對話中，如果孩子繼續説出一些訊息，也不至於讓大人覺得他剛剛在説謊——因此孩

子就有可能願意說下去。

學生（守密者）：「我可能沒辦法。」

↓這個答案比直接說「不知道」好，如此一來，父母或老師就有機會繼續引導孩子說出事情的經過。

工作意外調查員：「你有接受過工作場所清潔安全的相關培訓嗎？」

↓這讓對方有藉口讓公司原諒他沒弄乾地板。這不會改變調查的事實真相，

嫌犯：「嗯，我打掃過很多次了，但是從沒真正接受過培訓。」

但此種提問方式能讓對方在後續對話中有機會坦承事實。

店員：「這件衣服顯然穿過了，你購買之前知道嗎？」

消費者：「有可能，這種事情是難免的。」

↓這讓消費者有藉口，也讓他的回答有轉圜空間。此時消費者已經承認這件衣服有人穿過──這是關鍵。下一步就是要問消費者或店員為何當初結帳時沒注意到「已經有人穿過」的情形。隨著越來越靠近核心問題，消費者也將說出實話。

對話陷入僵局是挖掘隱藏事實的最大阻礙，會讓所有訊息靜止，這是最糟糕的情況。藉由提出預留「轉圜空間」的問題來避免陷入僵局，就可進一步促使訊息的流通。

在任何對話中，對方說謊都好過他直接否認。解決辦法就是讓問題具有轉圜空間，讓守密者可以多說一點──無論內容是真是假。

消除權力界線，表現出同理心

在先前列過的直接引導範例中，你可能會注意到，試圖套話的人通常（並非絕對）是比守密者更有權力的人，可能是職位較高、特定領域的專家或專業人士。如果你是掌權者，想要從守密者身上獲取資訊，對你最不利的莫過於地位拉開了你們之間的距離，瞬間構成溝通障礙。要取得訊息，必須先克服障礙。這類型的溝通障礙在本質上會導致智力較勁：即知識（守密者擁有的東西）與力量（你擁有的能力）的戰爭。

我舉個例子：某間保險公司的調查員要詢問老闆（守密者）關於他公司的可疑失火案件。在此情況下，保險公司調查員明顯比失火公司的老闆更具權力優勢，因為如果調查員認定老闆涉及縱火，申請理賠就會被拒或暫時中止。

在這段關係中，無論老闆是有罪還是無辜的，調查員都有優勢；在老闆有罪的情況下更是如此。

在此例中，假設老闆是無罪的，他在大火中失去一切，還得接受警方、火災調查員，甚至是媒體的詢問。現在又出現保險公司調查員追問。他覺得私人生活及工作徹底被踐踏，而且毫無隱私可言。

儘管當事人是清白的，但他可能已經不想多說，尤其還是跟另一個握有權力的人物。但調查員或許只是想知道真相。在這種情況下，即便當事人是無辜的，只要調查員不想辦法打破因為權力不對等所造成的溝通隔閡，他就沒有得知真相的一天，更別提萬一當事人真的是縱火者，就更難知道真相了。

有些人會覺得，保險公司調查員最好的做法就是利用手中權力強迫守密者說出祕密。在此例中，拒絕或暫緩理賠或許會讓公司老闆頭痛。在某些情況下，嚴峻的手段或許有用，但我不支持這種方式，因為能得到訊息正確性與全面性有限，通常都只能知道片面的真相，而守密者也只願意說出有限的訊息，藉以擺脫威脅。一旦威脅解除，對方就會停止提供訊息。我們希望對方是自願且在自由的情況下說出一切，而非靠威脅的手段。

同樣地，老師與父母也不能指望透過對問題孩童大吼，就能讓孩子坦承內心深處最困擾他們的祕密，這只會讓孩子更加沮喪；或許透過強迫手段能得到部分資訊，但絕非完整的內容，而且通常都與實情有出入。

這也是為什麼警方以威脅手段取得的證據不為法庭採用的主要原因之一，**透過壓迫和威脅所取得的訊息很少有用，而且就算有用，訊息的本質依然存有不正**

確及不可靠的問題。有一項研究是針對警方在訊問謀殺犯及性侵犯時，以無效要求和脅迫手段所取得的訊息成效。

此研究比較警方的兩種偵訊方式：一是採取主導與強迫，二是採取較人性化及理解的態度訊問——溝通時表現出同理心、真誠地想知道嫌犯的困境。研究結論是：後者所引導出的可信供詞內容較多，前者透過強迫、威脅手段，只會增加謊言的內容與否認的次數。

很明顯，即便是犯罪者也喜歡在有憐憫、理解的方式下回答問題、說出祕密。幾項類似的研究也有相同結果，大部分的數據指出，**理想的引導者是可以在搜集訊息的過程中傳遞同理心及真誠感的人**。所有研究結果都透露出一項共同訊息：透過正面言語建立關係，展現出情感同情，即便是再可惡的罪犯都會說出心底的祕密，並且願意說出事實──即便會因此入獄！

如果殺人犯和性侵犯已經準備認罪，我們可以藉此將其定罪，但是否也能用同樣方式，讓無罪者說出隱藏的祕密呢？答案是肯定的。只要安排正確的環境與建立訊息共享的關係，想達到目的，最關鍵的部分就是展現同理心。同理心是對對方遭遇、感受和動機的認同與理解。同理心不是同情，而是理解對方的感受。

事實上，研究顯示在警方偵訊的過程中，**表現出同理心及真誠感能提升對方的配合度，回想事情的準確度也會提高百分之三十五至四十五**。不管在什麼情況下，當你是握有權力的一方，想要成功地從他人身上獲取訊息，最好的辦法就是減少溝通阻隔，表現出同理心與真誠感。

繼續以上述例子來說，如果保險公司的調查員對失火公司的老闆自我介紹時說：「嗨，我是調查員強森，有幾個關於火災的事情想請問你。」第一句話就立刻築起三道牆了。

❶ 權威的阻隔：以「調查員」做稱謂。

❷ 人際的阻隔：以姓氏「強森」做介紹。

❸ 情感的阻隔：言語中缺乏同理心。

這種自我介紹充滿正式性及權威感，並且缺乏情感上的同理心，完全消滅了與守密者建立關係的可能性——這是引導過程最關鍵的部分。

第一句話只要稍微調整就能展開關係，讓老闆不只說出調查員想知道的事情，甚至還會透露更多意想不到的訊息。

如果調查員一開始選擇簡單的自我介紹，說：「嗨，我叫黛安。我在麥凱保險公司工作。我對您的損失深感遺憾，不知道您是否能幫忙提供我一些訊息呢？」─這樣就能開始一段合作的對話，比起以權威的官方口吻和冷冰冰的態度更能開啟隱藏訊息之門。

即使調查員懷疑老闆有罪，消除語言上的權威感以及透過展現同理心建立情感連結還是很重要。只要拿掉「調查員」的稱謂並且在自我介紹時選擇使用名字，很快就能消除權威感。在這段關係中，調查員的權威是確定存在，但不需透過文字向對方施加壓力，這沒有好處。透過同理心的方式，如果老闆有罪，他也會因此而降低戒心，因為這種表達方式不會讓他覺得自己像嫌疑犯。如果他是無罪的，由於調查員明確表現出理解守密者的困境，公司老闆便會迅速與保險調查員建立情感連結。

雖然是以保險調查員為例，但同樣地方法也適用於父母、醫生、教師、諮商師、大學講師或律師身上。事實上，在任何情況下，守密者都會感受到自己與掌權者的權力落差。

在直接引導的情況中，若想藉由專業身分或地位權威來取得訊息，有時很容易就演變成與守密者的對抗情形，也無法透過兩人之間的問答內容來取得完整而正確的消息。在這種情況下，首先要評估自己可以如何消彌既有的權威阻隔，想辦法表現出你能理解對方的感受，這有助於他人說出更多祕密。

相似性是建立關係的好方法，記得要拉近雙方差距，並且強調（甚至誇大）兩人的相似性。與守密者建立緊密關係是影響對方是否願意分享祕密的重要關鍵。

開放式問題

在直接引導的情況下，要避免對方只能回答「是」與「不是」的問題。如果一個人被問到太多只能回答「是」與「不是」的問題，互動感覺很快就會變得像是具有侵入性或是像在質詢，也就不難理解為何對方會降低合作意願。只能回答「是」與「不是」的問題稱為「封閉式問題」，雖然也能提供部分訊息，但我們想要知道的更多。

我們希望透過開放式問題來增加守密者回答的長度——越長越好。在警察偵訊的相關研究顯示，開放式問題能引導出較長且較多細節的內容。

這類型的問題是開啟對話的大門，也能讓回答內容充滿足夠的訊息，是只能回答「是」與「不是」的封閉式問題所無法達到的效果。開放式問題就像哄著對方說話，讓對方有機會告訴你他們的故事。這類型的問題通常會透過下列表達方式進行：

- 誰——你跟誰在一起？
- 什麼——當時發生什麼事？
- 為什麼——為什麼會發生這件事？
- 哪裡——消息從哪裡來？
- 何時——項目何時執行？
- 如何——你們是怎麼遇到的？
- 你是否能告訴我……？
- 你能否解釋……？

你應該看得出來，上述問題很難僅以「是」與「不是」的簡單回答模糊帶過，並且會讓守密者不得不說出更長的答案。

在直接引導提問前，先在心裡想一遍，評估你所提出的問題，對方是否有機會回答「是」或「不是」；如果對方有機會，就重新調整問法，使其變成開放式問題。

目 開放式與封閉式問題示範

父母與青少年子女的對話

封閉式	開放式
父母：「今天放學後你有沒有跑去購物中心？」 青少年：「有。」 父母：「你有沒有在那裡遇見什麼人？」 青少年：「有。」 父母：「是你的朋友嗎？」 青少年：「是。」	父母：「可以告訴我，你放學後跑去哪兒了嗎？」 青少年：「我去購物中心。」 父母：「你去那裡做什麼？」 青少年：「我跟麥可和多明尼加約在那裡見面。」 父母：「你們做了什麼？」

求職者與面試官的對話

封閉式	開放式
工作面試官：「你是個努力的員工嗎？」 求職者：「是。」 工作面試官：「你很主動嗎？」 求職者：「是。」 工作面試官：「如果你被錄取了，你是否會好好表現？」 求職者：「是。」	工作面試官：「能否請你描述自己的工作態度？」 求職者：「我非常認真，很準時，並且致力於扮演好自己的角色。」 工作面試官：「如果你被錄取了，你對公司能有什麼貢獻？」

諮商師與患者的對話

封閉式	諮商師：「從我們上次見面後，你有多練習嗎？」 患者：「沒有。」 諮商師：「這會讓你生氣嗎？」 患者：「會。」
開放式	諮商師：「告訴我，自從我們上次見面之後，你都做了些什麼？」 患者：「嗯……」 諮商師：「可否請你描述上次面談後你有什麼感覺？」 患者：「嗯……」

善用沉默

有一次，一位經驗豐富的祕密探員播放他第一次當臥底的會議影片給我看。在那場會議中，他要引導主要目標說出特定訊息，當時他花了非常多時間安排，內容訊息密度非常高，對海外作業的成功至關重要。

在那場二十分鐘的會議錄影中，對話都非常清楚。唯一的問題是，當時還是新手的他非常緊張，整段會議過程中，不斷對嫌犯侃侃而談，而嫌犯幾乎沒說話——因為完全沒機會！這段對話中，探員努力嘗試引導嫌犯說出隱藏的訊息，技巧也用對了，但他得先停止說話，祕密才有機會自由流洩而出。

沉默的技巧不是只能用在祕密對話的環境中。醫生或專家如果在諮商的過程中不斷說話，不停下來聽患者的想法，其所得到的診斷結果往往會出錯，就跟上述例子中，探員未能成功引導目標說出訊息的情況類似。

這並非因為缺乏醫療專業知識，而是對話無效。患者提供的訊息越多，對診療過程的幫助越大，而醫生或專家**刻意停止說話，就能讓患者（守密者）有機會在心中處理你所提出的問題，進而提供更完整的回答**。

在引導過程中，如果你說的話越多，守密者就越沒有機會跟你分享祕密。

在任何對話中，沒有人喜歡被打斷，甚至幫對方把話說完是最糟的情況。提出開放式問題或是設定好對話的「誘餌」（詳情請見第三章）之後，最好暫停片刻，讓守密者有機會開口，而你則扮演好聽眾的角色。

如果你提出問題之後，讓對方負責講話，而你負責傾聽，則大部分的人會認為你是一個非常好的說話對象。如果你讓對方覺得自己說話有人在聽，而且你很積極在聽他說話，對方很自然就會「喜歡」你。人們往往會對喜歡的人說出更多的訊息。

由上可知，在直接引導的過程中，若想讓守密者說出更多訊息，善用沉默是個好方法。此外，沉默也能導致守密者自行透露更多訊息。在對話過程中如果出現沉默，人們會覺得有必要以文字（甚至聲音）來填補空白。你應該在某些演講或公開場合中注意過，有些講者在一句話結束之後與開啟下一句話之間，會用「嗯」或「呃」等聲音來串場，最主要就是想避免沉默的尷尬。有時候講者只是在思考下一句該說什麼，並且用這些聲音來填補空白，否則沉默也可能促使聽眾打斷講者發言或是趁機提問。透過聲音能讓講者維持主控權，因為沉默會讓聽眾覺得可能是要輪到下一個人說話了。

我們都經歷過在對話中出現尷尬的沉默或暫停。事實上，我們只是不喜歡情況中斷。一旦出現暫停，對話雙方的其中一人就會為了緩解沉默而說話；也就是說，這個人是被迫做出回應。

因此，我們可以利用沉默來促使守密者開口。暫停是對話過程中重要的一環，而「有效暫停」更是引導過程中有效的手段，鼓勵守密者開口說話。

研究顯示，對話過程中可容忍的沉默時間長度會因為語言、文化及個人在對話中融入程度而異。不過廣泛來說，我們對沉默的容忍時間大約為二至三秒，其中一方就會想開口。

過長的暫停時間會讓對話雙方感到有壓力。當說話者說完一句話，接著暫停，看著聽話人，則聽話人就會有回答的壓力；如果說話者陳述完畢，而聽話者卻毫無反應，則說話者會開始懷疑是不是自己得罪了聽眾，或說了什麼不該說的話，進而選擇進一步澄清先前的說話內容，或是補充資訊。後者正是我們在引導訊息時最有用的技巧。

當守密者告訴你某件事情時，請刻意插入沉默時間，如此一來對方便會產生心理壓力，試圖打破沉默。不過，請記住，這個技巧要謹慎使用，否則會讓守密者感到跟你對話不自在，反而會對建立關係產生反效果。

2-3

間接引導

間接引導在本質上比直接引導要來的隱密。在直接引導的情況下，守密者知道你試圖從他身上獲取訊息，也知道他們正因某件事情而接受詢問或訪談。相較之下，**間接引導的主要目的之一就是在他人不知情的情況下獲取訊息**。

除非對方接受過反引導技巧的訓練，或是非常注重隱私、內向，否則間接引導應該適用於大多數人。如果你願意投入時間，並且在一系列對話主題中善用各類技巧，就有機會得知他人所隱瞞的事情。

某些人可能會覺得這聽起來有點見不得人，感覺不太好。好吧，這本書有點遊走在道德邊緣，就是要教你這麼做！在許多引導過程中，欺騙是免不了的，但也不需要做得太離譜，頂多就是在你不喜歡或不同意的情況下，告訴對方你很喜歡或認同他們所說的某個觀點。這類的「白色謊言」在生活中很常見，因為人們都想找到合作機會，更不願意得罪他人，因此便會說：「對啊，我很喜歡你的新髮型。」或者「真的，你看起來變瘦了。」

人們會因為不想得罪他人而自然說出這些話，這種日常生活的欺騙與引導過程中的欺騙，兩者之間唯一的差別在於動機——後者是為了得知祕密而與他人進行對話或建立關係。

幾年前，肢體語言還是人際溝通的新知識領域時，有些人便認為刻意利用某些技巧，例如「鏡映」對方的身體姿勢，或是刻意使用開放的身體語言技巧來增加溝通效果，或假裝自己對該話題很有興趣。

間接引導並非壞事，這是親子關係、師生關係、生意關係，以及個人社交生活中重要的一部分。舉例來說，如果父母懷疑孩子做錯事，就必須從孩子身上知道當下發生何事。即便父母使用先前提過的直接引導技巧，結果也可能會失敗。當父母懷疑孩子「做了不太好的事情」，大人也很少會在對話過程中採取因人制宜的策略誘導孩子全盤托出。如果做法正確，透過間接引導就能達成目的。

在社交場合中，間接引導技巧可以用做約會工具，迅速與他人建立連結。在商業場合上，間接引導技巧可以用來判斷對手的主要決策、行銷策略、祕密人事布局，或者是像公司擴展、升職機會等正面機會。間接引導也能為保護技巧使用者，使其個人或事業保持優勢。

有些專門教導祕密探員使用引導技巧的專家會告訴你，這種事情因為太複雜，只有專家能做，一般人在日常生活中很難用到。

我同意間接引導技巧很複雜，這也是為什麼我要專門為本書讀者設計一套較簡單的 READ 引導模組；但是，我不認為一般人在日常生活中就無法有效利用間接引導技巧進行解密。要做到間接引導只需下列條件：

- 普通的智慧。
- 普通的人際關係技巧：有絕佳人際關係技巧，或是喜歡說話、認識新朋友的人會做得更好。
- 普通的自信。

- 觀察技巧：懂得感受他人心情或是喜歡觀察別人（不是跟蹤偷窺！）會做得比較好。
- 生活經驗（年齡是優勢，孩子較難學習或運用這類技巧）。
- 願意學習基本知識與技巧（本書所列）。
- 準備好與他人對話，練習本書提供之技巧。

如果你不符合上述條件也沒關係，我見過有些相當內向的人也很會引導他人說話，其實你只需要一點技巧知識再加上練習就行了。

間接引導的例子

- 跟競爭對手（守密者）在商展或會議場合見面，讓對方說出對你生意有利的內部消息。
- 警察、公司調查員、律師或私家偵探從嫌犯、目擊者或線民身上引導出額外情報。
- 醫生、護士、護理人員或健康諮商師利用引導技巧，讓患者或客戶回想被壓抑的事件或是讓對方難以掌握的事情。
- 談判者可以在普通對話中引導對方說出重要消息。
- 在銷售場合上，推銷員與消費者都可以善用引導技巧。推銷員可以藉此得知消費者更多的資訊，為其打造銷售方案，提升成功率；同樣地，消費者也能運用技巧，引導推銷員說出「真正」的最低購買價格。

- 想買房子的人可以利用間接引導方式與該區住戶交流，找出住在該區的真實情形。
- 父母可以利用這些技巧來評估一個人是否適合照顧或輔導自己的孩子。

這只是運用間接引導技巧取得優勢的部分例子，而究竟這些技巧還能在何種情況下使用，就要看讀者的想像力到哪裡了。

總結來說，只要你不想讓對方知道你打算從他身上獲取訊息，間接引導技巧就能派上用場。

間接引導的技巧

在本節中，我們將探討成功的間接引導技巧，其目的在於巧妙鼓勵守密者說出隱藏的訊息，也就是讓你當守密者心中的「那個人」；以下將教你如何利用「喜愛度」、「情感連結」與「心理鏡映」來達成目的。

利用喜愛度、情感連結與心理鏡映當守密者心中的「那個人」

我們已經知道，間諜或密探所使用的核心技巧都可以直接轉用於許多場合，為他人帶來利益與保護。

但我們不像間諜，沒辦法對守密者注射吐實藥（例如硫噴妥鈉或異戊巴比妥）來「解放」他們的舌頭——但我們可以利用對話技巧與「引導牽線」來鼓勵對方，使其願意且自願分享正確訊息。

所幸，人性與祕密的某些本質可以幫助我們達到目的。舉例來說，當一個人有祕密，很自然會有衝動想要與別人分享。分享訊息是人類的天性。事實上，幾乎所有人都會把祕密告訴至少一個人，而且通常不只一個人會知道。

很少有人會將祕密獨自放在心底，這一點在最近的研究中已經獲得證實。不願與他人分享的情況更是罕見。一項研究指出，在百分之八十七到百分之九十六的案例中，人們都會選擇與他人分享情緒，而不會絕口不提。

人類天生就有分享的衝動，希望能藉由「卸載」訊息尋求他人觀點並獲得心理解脫，這表示有祕密的人很難獨自承受。因此，在正常的情況下，守密者至少會對一個人透露祕密。

如果我們想要獲取情報，必須先創造一種能讓他人願意分享的環境與關係——我們要當守密者心中的「那個人」。

哄誘而非強迫

我們不可能透過行動或言語上的強迫來變成守密者心中的「那個人」。你不可能直接走進生意競爭對手的公司裡，毫無困難取得該公司對於某項目的敏感價格，或者要求要看他們客戶名單，更別提想在公司裡成功的要求資深主管告知公司的裁員計畫。這些做法註定會失敗。

同樣地，醫生、心理師和諮商師也很難從客戶身上直接取得最詳盡的細節。就算是在專業環境中，有信任關係，也確定會為對方保密，但想要從他人身上獲取訊息，還是必須採取哄誘的方式。

如果你與專業人士交涉，卻覺得對方提出的問題過於仔細、超出必要範圍，更重要的是，你不「喜歡」對方，那即便對方是專家，你還會願意跟他分享細節嗎？還是你會因此更加警戒？在這種情況下，許多人都會感覺不舒服，即便當下的環境相當安全，你所說的訊息內容都受到法律保護、絕對處於保密狀態，守密者還是會選擇拒絕多說。為什麼？因為專家不是「那個人」，所以守密者會抗拒將祕密全盤托出。

如果想當守密者願意吐露祕密的「那個人」，就得先知道守密者會對誰吐實，然後才能變成他心中信任的人。有一項特別的研究曾經檢視了七十個人在守密與吐實時的各種現象，並提出一些重要的發現。

在回答保密問卷的七十名受測者中，有四十一人表示自己有過祕密，而其中只有四人表示自己從來不曾對別人說過祕密內容。因此，正如先前討論過的情形，百分之九十的人至少會對一個人說出祕密。該研究結果顯示，守密者往往會將祕密告知在情感上親近的人，通常是「朋友或密友」——較少會告訴家人、配偶和同事。意外的是，告訴朋友的比例比告訴家人或配偶多三倍。

事實上，朋友之間最常透露的都是好消息，畢竟你也無法與守密者瞬間建立親密關係，我更不建議你為了取得祕密而與對方結婚——雖然之前有人為了得到國際情報，這種事情也不是沒發生過！然而，如果守密者願意把事情告訴你，你就有機會知道他們隱藏的祕密。

要變成守密者的朋友或是願意說話的「那個人」，你必須要：

1. 讓守密者喜歡你。
2. 與守密者有情感連結。

三 喜愛度

人們通常會跟自己「喜歡」的人分享私密訊息。守密者越喜歡你，你就越有可能變成守密者心中的「那個人」；如果守密者不喜歡你，不管你的「餌」拋得再好，他們還是不會告訴你任何事。

即便只是短暫碰面，人們還是能迅速判斷對方給自己的感覺。正因如此，我們必須確保給守密者的第一印象以及最後印象是正面的，也就是你們兩人都願意和彼此分享訊息，對彼此互動的感覺是正面的。一開始就已經在特定的時間點為這段關係建立起溝通平台，也會讓後續溝通更加坦承、開放。

大部分人對於要如何讓他人喜歡，以及表現友善的反應都很自然，也能將這些感覺在必要時化為吸引他人的人際關係技巧。我們從小就清楚這一點，小孩尤其熟悉此門道，特別是當他們想要得到某樣東西時，瞬間就能從惡魔變天使，從魔鬼變洋娃娃，從調皮搗蛋變乖巧溫馴。

隨著年齡增長，這類技巧也隨之發展，長大成人之後的我們便能在需要時，化身成為能讓對方喜歡的人，即便只是短時間也行。就算是開罰單的員警和討債者，只要他們願意使用這些技巧，也能夠在不引起別人反感的狀況下達到目的。

三 情感連結

利用本能當一個讓守密者喜歡的人，這是你與他之間友好的互動開始。然而，除了要讓守密者喜歡你之外，要讓別人願意和你分享訊息的最快方法就是建立情感連結。

情感連結可以建立在兩人的共同興趣、共通點或相近的幽默感之上。若兩人經歷過相同事情，更能迅速建立連結——因為心境類似。舉例來說，守密者與守密對象都排隊排很久了，當守密對象說出自己當下的無奈，並且以此揶揄，如果守密者也笑了，表示兩人有機會建立情感連結。即使玩笑失敗，守密者在心理上還是會認同兩人有一樣的感覺。

人們對於跟自己有相同感覺的人會建立起較好且較有效的溝通方式。在這種情況下，表現出與守密者相同的情緒便能展現出相似性，創造微妙的心理聯盟。在守密者的心中認為，守密對象與自己對事情的想法與理解相似，這就創造了情感連結，雖然不強，但兩人之間至少有共通的感覺，這就是好的開始。如果是刻意做到這一點，就稱之為「心理鏡映」。

心理鏡映

心理鏡映要發揮作用的前提是「人們喜歡跟自己相似的人」。心理學研究顯示，**人們傾向於跟自己有類似特質的人分享訊息**，例如年齡、價值觀、信念及文化等方面。

但並不代表我們不喜歡或無法跟自己不同的人交流，只是在大多數的情況下，與跟自己有共通點的人交流會更自在。這種人性特徵並不僅限於主要的人格特質。例如兩個來自不同文化背景的人，可能會因為其中一方說出自己所屬的教會、運動俱樂部或政治傾向而拉近兩人之間的關係。但如果其中一方一直強調兩人之間的差異性，而不將重點擺在相似性，那麼溝通起來就會有困難，甚至降低自然說出訊息的可能性。

有一項研究甚至顯示出，若是信封上寄件人的姓名跟收件人很相近，收到回覆的機率也較高。這項研究是利用與收件人姓名類似的寄件人名字寄出問卷（要求收件人回覆）。

舉例來說，一分寄給喬安．瑞德的問卷，寄件人的名字就會設定為喬翰．瑞迪。研究結果顯示，當收件人姓名與寄件人有類似之處，回覆率會從百分之三十提高為百分之五十六。關鍵在於這個數字的增加是在沒有任何人際溝通為前提，只有寫在信封上的相似名字。當我們將心理鏡映的技巧用在他人身上，效果會更顯著！

在肢體語言的領域中，有大量的證據顯示「身體鏡映」他人的動作有助於提升人際溝通效果。最近的研究顯示，行為鏡映會增加談判時的信任度，致使「被鏡映」的對象準備好對與和他有類似動作的人說出更多細節。還有一項研究顯示，鏡映能將銷售額從百分之十二點五提升到百分之六十七！

心理鏡映是以肢體語言鏡映的概念為基礎而進一步發展，利用心理上的偏好來取悅跟我們有相似性的人。透過表現出與守密者相同的情緒，以建立情感連結。跟肢體語言不同的是，心理鏡映不單是尋求身體動作的相似，更是與守密者心理狀態的「鏡映」。

心理鏡映是刻意展現出與守密者在同一時間點有相同的情緒。對於兩個陌生人而言，這是迅速建立情感關係最有效的方式，進而自由且迅速說出訊息。

在所有的引導情形中，最重要就是透過語言及行動清楚表現出我們理解守密者的想法，並且在同樣情況下與他有相同的感覺。不管情況為何，無論是高興、傷心、興奮或感到有趣，我們都要在與對方相處時，跟他的感覺同步，並且表現出理解他當下的感受。

其中一個有效的辦法就是跟守密者使用類似或相同的文字及表達方式。例如，如果守密者說：「今天好熱啊！」你就可以回答：「真的，你說的沒錯，真熱。」而不要說：「對啊，今天濕氣好重。」當你使用不同的表達（濕氣），守密者要不就會認為你對同樣情況有不同的解讀，要不就覺得你是故意炫詞，凸顯自己更勝一籌——不管守密者如何解讀，都無助於拉近你與他之間的距離。

重複守密者在對話中所使用的文字或表達方式，能強化你與他之間的相似性。

回想過去的經驗，你應該曾經與一群陌生人在一起，當下基於某種原因，所有人都有相同的情緒感受。例如你已經在機場候機室裡、拋錨的巴士旁或改降其他城市的班機上等待數小時；也或許你在餐廳裡，隔壁桌的客人跟你一樣等上菜等很久。

如果一個陌生人跟你有相同遭遇，並且對你釋出善意，例如在候機室時，對方借你一本雜誌打發時間，或是借你手機跟親友聯繫，告知班機最新的抵達時間，而且那位陌生人表現出有同感（表現出他們對於眼前的情況跟你有相同感受），如果幾天後再碰面，你們還會是陌生人嗎？我想如果你們二度相遇，應該至少會點頭微笑，或至少可以感受到兩人之間有一絲的友好氣氛（儘管非常微弱）。你喜歡對方是因為對方友好的動作，加上情感連結，因為兩人在相同時間對相同事情有相同感覺。

在這種情況下，人們會感覺心理上有相似性，對於一件事情有相同立場。就連癮君子也能透過工作時間站在辦公室外抽菸而自成一群，形成一種情感連結，甚至互相吐露情報。奇怪的是，就連有些交情甚篤的舊識也需要靠這類情境來維繫他們為建立團隊的活動提供類似經驗，目的就是要透過分享經驗建立連結。

另一種場景是在處理悲慘遭遇或某些個人經歷時，當事人迅速與警察、救難員和軍人形成友誼關係，因為他們與當事人一起經歷過當下的情緒，進而形成緊密的情感連結。心理鏡映就是複製此一概念。

不管是正面或負面的經歷，重要的是必須清楚且明確的表現出與守密者有「共享」的情緒經驗，因為（在守密者心裡）這能拉近守密者跟我們之間的感覺。除了提升了關係，並為進一步的深入溝通而鋪路。

電梯裡的雙面鏡

有一次，我跟幾個人一起搭電梯電梯裡，其中包括一位老婦人和一位穿西裝的商人，結果電梯突然停了。大家都不喜歡被困在電梯裡，而每個人對當下的情況都有不同的反應。我們靜靜等待數分鐘，希望電梯會重啟運作，但是電梯還是不動，因此有人就用電梯的對講機與保全人員聯繫，對方說技師很快就到，馬上就能出去。

幾分鐘後，我左手邊的老婦人流露出害怕與焦慮的情緒，而我右手邊的商人開始發出呼氣聲，不停看時間，顯然他得在特定時間內抵達某個地點。除了感到小小的不方便外，被困在電梯裡對我其實沒影響。但不管怎樣，我還是轉頭告訴老婦人，我覺得有點緊張，感覺有點不安（心理鏡映）。她說她也有相同感覺。我告訴她，大家的感覺應該都一樣（將當下的情形正常化），但其實不用太擔心，應該很快就能出去了。老婦人對我會心一笑。

過了一會兒，我轉向商人，並且調整心理鏡映的內容，告訴他我很討厭這種情形，真的很麻煩，因為我跟人有約，現在可能會遲到。他還是繃著一張臉，但看得出來，他同意我的說法。原來他正要趕去機場。

我向他抱怨說，我不懂為什麼在二十一世紀購物手推車還不會自動前進？為什麼電梯還會故障！幾輪交談下來，我看得出他的情緒稍稍和緩了。因此我調整鏡映方式，避免憤世忌俗的語氣，加強了輕快的語調，並且反應在與他的對話內容當中。他的心情進一步獲得改善。

不久後，電梯技師的聲音從商人身旁牆上的對講機傳來，告訴我們一會兒電梯就會恢復正常運作。我接著問商人，他是否能幫我點一份起司漢堡套餐（彷彿我們在對麥當勞得來速的對講機說話），結果他笑了。接著，在毫無預警的情況下，他開始對我侃侃而談，告訴我趕上這班飛機對他有多麼重要，因為他要去跟未來可能的投資者碰面。

透過心理鏡映，在他心裡，我跟他都有同樣心情，心情也從一開始的沮喪到最後以幽默收場。現在他對我而言已經不是守密者，因為我對他的生意內容也不感興趣，但如果我想知道，這就是引導他說出更多訊息的大好機會。

片刻之後，電梯動了，大家的心情也開始好轉。眾人陸續走出電梯時，雖然商人在趕時間，他還是停下來說再見，並且跟我握手。十五分鐘前，所有人走進電梯時，誰也不認識誰。現在他去機場已經快來不及了，卻還記得要停下來跟一個陌生人握手，為什麼？因為我們已經不再是陌生人了，我們因為心理鏡映而產生了情感連結。

如果我們在這次意外事件後不久再度碰面，對話方式就不會像跟陌生人說話，而是會像朋友，不過這種情感也會隨著時間而變淡。為了確保下一次見面時，還能保有這次道別時的熱情，我會使用引導釣鉤和引導延續的策略（詳情請見第三章）。

舉例來說，釣餌是「上次被困在電梯裡真是倒楣啊！」這句話，這會瞬間引起他的注意，接著我會挑選話題延續的策略，像說「所以你幫我買到起司漢堡了嗎？」這會讓新對話直接跟先前發生在電梯裡的幽默事件產生正面的情感連結。

當我離開大樓時，我跟老婦人道別，她感謝我的幫助。從我的立場來看，她顯然不具守密者的身分，我只是利用心理鏡映的技巧來安撫她，而我們之間也因此建立了情感連結。

總結來說，人們至少會與另一個人分享祕密。透過間接引導，如果對方喜歡你，且若你能透過分享感受，成功地與守密者建立心理鏡映，你們之間就能形成情感連結，而距離你變成守密者心中的「那個人」也就不遠了。

本章重點

- 引導就是一場有計畫、一步一步取得訊息的對話過程，透過微妙的語言內容，讓目標說出訊息。
- 如果直接對目標提出問題，對方可能會拒絕回答，但如果透過有效引導，就能獲得大量資訊。
- 引導行為是日常生活中的一部分，懂得有效使用這項技巧的人，便能取得最佳優勢，保護自身利益。
- 引導並非恫嚇或強迫對方說出訊息，也不是要對方編造故事；而是要挖掘包裝在祕密背後的真相。
- 引導過程的關鍵是要迅速與守密者建立親密感。

- 如果能正確引導訊息內容，對守密者及守密對象雙方都會是一段愉快的對話過程。
- 直接引導就是守密者知道你想從他身上獲取訊息，通常會發生在安排好的場合，例如面試；但也可以在非正式場合進行。但即便守密者知道你的意圖，直接引導的過程仍有許多讓人好奇之處。

下列情形可善加利用直接引導技巧：

- 父母或老師詢問孩子（可能不想牽連同伴）關於他所目擊到的事件經過，或是希望孩子坦承錯誤。
- 考量對方利益。父母、老師、諮商師或醫療專業人員詢問有關守密者隱藏的創傷訊息，例如犯罪事件的受害者、車禍、霸凌、悲傷諮詢等。

- 醫療從業人員詢問病患可能不願意坦承的問題，例如非法用藥、抽菸習慣、飲食失調、過度飲酒等。
- 警察、調查員和保全人員訊問嫌犯、線民或目擊證人。

直接引導的技巧包括：

- 避免僵局：提出預留「轉圜空間」的問題，不要將對方逼入死角。
- 消除權力界線，表現出同理心：與對方迅速建立關係，使其敞開心房。
- 提出開放式問題：如此一來，對方就不能僅以回答「是」或「不是」的簡單答案來結束對話。

- 善用沉默：讓對方開口。
- 如果你採取直接引導，記得避免藉由身分地位的優勢來強迫守密者說出事實。研究顯示，若引導者能表現出同理心與真誠感，才能取得有效的祕密。

間接引導

- 間接引導在本質上比直接引導要來的隱密，主要目的就是在他人不知情的情況下獲取訊息。
- 間接引導是親子關係、師生關係、生意關係，以及個人社交生活中重要的一部分。

間接引導技巧有助於：

- 跟競爭對手在商展或會議場合見面，讓對方説出對你生意有利的內部消息。
- 警察、公司調查員、律師或私家偵探從目擊者或線民身上引導出額外情報。
- 醫生、護士、護理人員或健康諮商師利用引導技巧，讓患者或客戶回想被壓抑的事件或是讓對方難以掌握的事情。
- 談判者可以在普通對話中引導對方説出重要消息。
- 喜愛度：人們通常會跟自己「喜歡」的人分享私密訊息。守密者越喜歡你，你就越有可能變成守密者心中。

- 情感連結：情感連結可以建立在兩人的共同興趣、共通點或相近的幽默感之上。若兩人經歷過相同事情，更能迅速建立連結——因為心境類似。
- 心理鏡映：經歷相同的感受會形成情感上的連結。心理鏡映則是將此連結重現，讓兩個陌生人迅速建立關係。
- 不真誠是套話時最大的禁忌。想成功套出你想要的資訊，最好是要讓守密者喜歡你，建立雙方的情感連結或親密感。
- 由心理鏡映所創造的情感連結會隨著時間而淡化。若你使用此技巧，記得與守密者重新搭上線後，要隨即重建情感連結，穩固長期訊息共享的關係。

CHAPTER THREE

第三章

與對方搭上線

——拋餌、牽線、延續話題

第四章將會深入探討臥底與情報人員常用的 **READ** 套話模式，但在此之前，我們必須先知道要如何有效地與守密者「搭上線」，因為這是該模組中最重要的環節。

至此，我們已經知道人們至少會與另一個人分享祕密，通常是朋友或密友，而且是守密者感覺親近且喜歡的人；想要跟守密者搭上線，建立緊密連結是最快、最有效的方式。

要迅速與對方搭上線，找出隱藏的訊息，可採用以下三步驟：

❶ 拋出釣餌（elicitation hook）：引導守密者迅速「上鉤」進行對話的技巧。

❷ 拉出誘導線（elicitation line）：影響守密者（在上鉤後）打開心房繼續跟你說話的技巧或策略。

❸ 延續誘導話題（elicitation syncher）：將前一段對話的正面感覺與親近感延續到往後的對話當中。

這套方法其實非常簡單而有效，接下來，我們將仔細檢視每一個步驟。由於人類的心理狀態非常複雜，因此並沒有一套引導技巧可以適用於所有人。由於情況不同、守密者的心理狀態也不同，因此本章將提供多種心理工具來提升你的引導成功機率。如此一來，讀者可以依照個人與守密者的關係來制定跟他搭上線的方式。

如果按照拋餌、牽線與延續的步驟進行，你會很驚訝地發現，自己竟然能在短時間內成為另一個人的密友。這不僅是引導過程中的有效技巧，更能幫你建立人脈網絡、提升人際關係！

3-1 用對的餌，釣對的魚

「拋餌」是迅速引導守密者上鉤進行對話的技巧，是要讓你擺脫過去用「嗨」來開啟對話的做法，目的在於讓守密者必須進行回應。可能的話，引導守密者上鉤的方式應包含兩部分：

❶ 陳述（兩人都認同的內容）；

❷ 接續問題（促使守密者繼續跟你說話）。

要選擇讓守密者上鉤的對話內容，請運用你的直覺、生活技巧與對周邊環境和對守密者的觀察能力，評估守密者當下心中最在意的事情為何。如此一來，你便能找出兩人都認同的觀點展開對話，並加入你的問題，促使對方回應。如此一來，要找出讓對方上鉤的對話內容應該不難。

這種做法最常見的例子就是聊天氣。想用這種最基本的方式展開對話，如果你說「今天好冷啊」，這就完全達不到效果，因為沒有問題的成分存在。如果沒有問題做為誘餌，對話就會以「是啊」二字結束。這個鉤必須讓對話能流暢進行。

以下是調整後讓守密者上鉤、說出意見的例子：「今天好冷啊，你覺得去年有這麼冷嗎？」但是這種誘餌對忙碌的人來說，他關心的可能是其他事情，而非特定時間點的天氣如何，或者來自溫暖氣候地區的人，因為去年寒冷與否不會是他們當下的想法，因此這招對他們來說或許就不管用了。

不過，如果是用在寒冷天氣裡等公車時，用這種方法開啟話題還滿好的，因為當下大家都有時間（都在等公車），而且都受到天氣影響，寒冷肯定是大家當下共同的念頭。

拋出誘導之餌

目 善用「我們」一詞，拉近距離

想像你跟一群同事走在街上，準備去吃午餐，而你想從其中一位資深主管身上打聽一些內幕消息。該主管是從雪梨過來，才剛幫公司執行總裁做完人力資源效率評估，公司很快會根據他的報告宣布重大調整。而大家之前都沒見過這位資深主管。

走在路上時，資深主管突然踢到凸起的人行道石磚。此時你該做何反應？——或許你當場差點笑出來，但這麼做對你可沒什麼好處。

你應該立刻察覺這是個好機會，評估當下在她心中的想法，並利用心理鏡映與拋餌的技巧跟他拉近距離，例如說：「市議會真應該好好處理人行道的問題，我上禮拜也在這附近踢到一次，還毀了我一雙好鞋。雪梨的路況會這麼糟嗎？」

這應該是個不錯的餌，因為當下他心中的感受不外乎是疼痛、不滿、尷尬以及鞋子是不是被弄壞了。你與守密者在某方面達成了共識，很明顯兩人都站在同一陣線，這個餌能夠促使他回應，說：「才不會！雪梨的路況好多了！」你同意她的說法，接著說：「是吧。我去過雪梨好幾次，從來沒遇過這種問題。我們一起寫信給市議會投訴這種情況，看看能否有所改善。」**利用「我們」一詞來拉近你與守密者之間的距離，表示你們站在同一陣線。**

不過接下來可千萬不要單刀直入地問：「能否告訴我，你那份機密報告裡面寫了些什麼？」或「總裁的演講要說什麼？」或甚至問說：「我能保住飯碗嗎？」

現在你已經比其他同事多了一項優勢——與資深主管建立情感連結。你可以在午餐時，進一步利用引導線和引導延續的技巧繼續發展。這將有助於了解更多關於這位主管的事情，加速發展既有關係。在幾輪對話後，應該就有機會問出你想知道的訊息，離機密也不遠了。

任何時候都可以善用心理鏡映讓自己被對方喜歡，以及拋出引導的餌。舉例來說，如果你觀察到守密者在咖啡館或酒吧聽到音樂時，腳會跟著敲拍子、表現出愉快而有活力的模樣時，你可拋出的誘餌是：「嘿，這地方放的音樂很不錯吧？你也喜歡這裡的音樂吧？」這種說法應該就能延續對話。

同樣地，如果守密者已經排隊排很久，或是等待上菜已經等了一段時間，你拋出的餌就該是不滿與不耐煩的內容，說：「這地方的服務品質真的有點糟耶！你有等過這麼久嗎？」這招應該管用。

只要讓對方有開口機會，就是成功的第一步

成功的誘餌能讓對方立刻回應你的開場白（你不具威脅性，與他有共通點，而且和他站在同一邊），但更重要的是你在尋求他們的意見，這一點會讓對方覺得自己的意見對你有一定程度的重要性，除非對方是無禮之人，否則肯定會願意跟你交流。

在套話的過程中，只要是讓對方有開口的機會，無論內容是好是壞，都比他保持沉默要好。不過，重點在於，在對話結束的當下，對方對你這個人，或是對話題本身的印象要是正面的才行，因為這樣才有助於你進行下一步計畫。當對方下次看到你，他會想起前一次對話的感覺，如此一來比較有機會進行更深入的談話。

如果你已經丟了餌，但守密者的反應是冷淡或不屑的，也無需為此感到沮喪，繼續採取心理鏡映的技巧就對了。一旦你覺得已經成功建立情感連結，可以盡量改說些比較愉快的話題，讓對話畫下完美句點。

大家都喜歡完美句點，但守密者不見得好溝通，可是這也不代表你引導失敗；即便你感到挫折，這不代表守密者會在心裡判你死刑。如果你拋出的誘餌與牽線是有效的，守密者在回想與你的交流經驗時，重點不會擺在挫折感，而是你們都忍受過相同的事情——結果還是正面的。

總結來說，誘導之餌應該包含兩部分。首先，**利用心理鏡映技巧，以共通性（雙方在某地對某事的立場一致）當開場白，而且要是守密者當下心中的想法。**

其次，**透過提問（尋求意見）表現出守密者的價值**。你們之間的互動關係已經有了好的開始，接著，就是讓對話有個愉快的結尾了。

拋出好的誘餌，往往能讓你避免被對方冷落，有助於你繼續拉出引導線。

拉出引導線

引導線是用以影響守密者（在上鉤之後）願意敞開心房、與你交談的技巧或策略。

引導的技巧在於利用人的一般天性。例如：

- 人們通常都會有禮貌、願意幫助別人，甚至很樂於回答陌生人所提出的問題（前提是對方的態度是友善的）。
- 大部分人都會希望自己看起來知識淵博，並且願意透過分享來展現這項能力。
- 分享訊息是人類的天性，所有的祕密都至少會與另一個人分享（比例為百分之八十七至九十六），對象通常是對方在情感上覺得較為親近的朋友或閨密。
- 每個人在某種程度上都希望被欣賞或被認同。
- 面對他人的餽贈，例如邀約、贈禮或情報分享，大部分人都會覺得有義務要回報對方。
- 如果這個祕密只有自己能知道，他會覺得受寵若驚，感覺備受信任，與對方關係就會更親近。

引導線的作用

向別人套話時，你可以在對話過程中使用單一或兩種以上引導線。當你用對了，當下自己肯定會有感覺，因為對方會突然為之一亮，開始打開話匣子與你進一步交流。

這就是READ引導四步驟的第一步——「研究與評估」（詳情請見第四章）；本階段的目的在於洞察守密者的想法，讓對方願意跟你說話。引導線與誘餌釣鉤緊密相關。

引導線的主要目的是要延續對話，將對話導向：

- 加強情感連結。
- 迅速建立關係。
- 拉近與守密者的距離。
- 將話題導向祕密訊息。
- 盡可能引導對方說出祕密的細節。

三 常用的引導線

以下技巧適用於本節中所討論的引導線：

- 讚美。
- 祕密交換。

・以物易物。
・假裝不相信對方的話。
・提供假情報。
・利用「一面之緣」。
・找出共同敵人。
・全世界只有你獨有。
・強調對方的重要性。

善用讚美

奉承無疑是取得他人好感最常見的辦法。給予讚美通常都帶有目的，希望「被讚美之人」喜歡「給予讚美之人」。我們在某些事情上都喜歡被奉承，但前提是要真實。假意的恭維往往會造成反效果。

以下是弄巧成拙的例子：

孩子：「嗨，媽咪，你今天看起來很漂亮，變瘦了吧？」

母親：「謝謝，我最近是有變瘦一點啦。」

孩子：「我可以借車嗎？」

母親：「不行！」

相較之下，你應該有因為做了某件事而被他人真心讚美，或說你看起來狀態很好一類的。這種話除了會讓你自我感覺良好，同時也會對這麼說的人留下好印象，這道理不難理解。

因此，奉承可當作一條有效的引導線。但你應該也體會過，有些人雖然嘴巴稱讚你，但你直覺反應就知道這不是真話，或是可以感受到對方這麼說是另有目的。在此情況下，讚美者就會失去信用與信任。因此，奉承也是一條危險的引導線。要記住，「假奉承、真失敗」，因為大部分的人一聽就能判斷真假。

因為人們經常遇到有目的性的奉承，因此也善於判斷。如果你想讚美對方，最好說一些比較不浮誇的真心話。在我看來，除非對方非常渴望讚美，他們才不會嚴格檢視你的說話內容，否則，單靠狗腿的讚美，很難創造出具有說服力的引導線。若要稱讚守密者某件事情，成功的訣竅就是說出真心話，不然就是要用更巧妙的話術來討好對方。

要記得，使用引導線的目的在於強化情感連結、建立關係，以及拉近與守密者之間的距離。

說出明顯是假恭維的話，只會迅速破壞關係。此外，因為守密者願意與親近的人分享訊息，如果守密者認為你不真誠，他們也不會願意跟你親近，更不可能跟你分享情報。事實上，就算他願意繼續跟你講話，所說的內容也會缺乏溫度，只會說些無關痛癢的話。

用言語討好對方有根本上的困難，但如果使用得當，效果則會非常顯著。千萬不要像上述的例子一樣，一開頭先給予讚美，然後迅速轉移話題，特別是當我們真的想要從他人身上獲取祕密的時候。

奉承需要一點一點進行，可能的話，最好繞著祕密主題打轉。當你帶著說服力奉承對方，對方自然會將你與祕密主題聯想在一起，提升與你討論該主題的接受度。

你可能覺得難以置信，但大多數的資深主管，即便是總裁，都很吃狗腿這一套，但絕對不是那種直白的馬屁話，例如說：「哇，我好喜歡你的西裝！」或「你的演講真是發人深省。」這種話實在太虛假了，而且能當上高層的人通常都很聰明，處理這方面的人際關係都相當熟練。然而，這群人對於奉承的話還是難以抗拒。

因為這些人大多會代表公司出席產業會議、貿易展或股東會議，並且負責公司高層簡報與拉客戶，因此他們會覺得自己是公司的重要成員，所做的事情對公司非常重要。這些人大部分都有優渥的收入，因此對公司的忠誠度和自我優越感都頗高。

奉承這些人的最佳方式就是讚美他們任職的公司，因為他們會自動把對公司的讚美與自己畫上等號。這種反應是因為，在心理上他們已經將個人與公司及職位視為一體。因此，如果你稱讚公司，他們在心中自然會理解成是對其個人的讚美。

由於人們通常都能聽出虛假的奉承，因此**透過第三方來讚美**通常比較保險，或是**讚美與對方所從事、所喜歡的事物，而不要直接讚美其本人**；換句話說，就是讚美守密者的公司、行業技能、運動項目，甚至是狗的品種。

用這種方式來討好守密者，對方的接受度會比較高，如此一來，才會降低對你的戒心。因為不管你稱讚什麼，對方都跟你稱讚的內容緊密相連，自然會覺得是在稱讚自己，也因此對你有好感。記住，人們會與自己喜歡的人分享訊息——而且誰喜歡我們，我們很自然也會喜歡他。

如果你有幸發展出一套具有革命性的網路搜尋工具，並且想要從谷歌（Google）的高級主管身上獲得內部消息，你跟他之間的對話就絕對不會從讚美必應（Bing）是最好用的搜尋引擎開始！

你應該要利用讚美來拋出引導線，說：「我記得在谷歌出現之前的搜尋引擎都很差、很沒效率，是谷歌改變了一切。你們所做的事情徹底顛覆網路世界，技術肯定是最先進的。」

對方應該會因此對你有好感。不管他是否從谷歌問世之初就在那裡工作，守密者都會把這當成是對他個人的讚美。此外，你的讚美內容也與你想知道的訊息綁在一起：技術。

不管是在何種行業或是商業類別，對位居高層的守密者婉轉奉承其公司通常是最管用（在可控制範圍）的方法。

要達到奉承效果又得避免太過直接的方式有很多。試想：你在上班時，向來非常忙碌、整日電話不離耳朵的主管／夥伴突然找你到他辦公室商量事情，當你走進辦公室後，他朝你微笑致意時，你至少可以確定自己應該不會丟工作！接著他說：「我有件事情真的需要你的意見，但請你稍等一下，我先把手機關掉，才不會受到打擾。」如果這名「非常忙碌的重要人士」切斷外界的聯繫方式，明顯要將所有注意力擺在你身上，專心聽你的意見，你當下的感覺如何？大部分的人在此情況下都會覺得受到重視——這就是間接的奉承。

若你的職位是主管、顧問或經理，**想要在工作場合找出祕密，最簡單的方式就是故意在對方面前關掉手機，顯示你很重視與他的談話，不希望別人打擾，**這是一種巧妙而有效的討好方式。

有無數種利用討好手段拉出引導線的方法，可以讓對方將其視為是對他個人的讚美，無須直接而明顯地讚美他人。如此一來，經過包裝的刻意奉承既可以達到目的，守密者也會對你更有好感。

例如對髮型設計師說：「要當一個好的髮型設計師真的需要兩把刷子，絕對不是會拿剪刀跟吹風機就行了。」

對卡車司機：「大家都忘了，如果沒有卡車司機，整個國家都會停擺。」

對家庭主婦（夫）：「我真的很難想像，當許多人都在強調事業的重要性時，卻忘了在家陪伴小孩成長也很重要。」

另一種巧妙恭維的方式是**專注在他人的工作道德上**。大部分人都認為自己努力工作，而其中還有許多人覺得自己所做的事情很重要。因此，如果你把討好的引導線設定在恭維特定職業的重要性，或是說守密者那個行業的人都特別努力，大部分的情況下，你都能得到正面回應。

對新聞記者：「有件事情頗令人玩味，現在大家每天都想看到最新又毫無錯誤的新聞。你覺得他們有沒有想過，到底有誰能每天先求證才寫新聞，同時又能趕上截稿時間？」

對護理人員：「無時無刻都有人說醫生工作很辛苦，但大家卻忘了救護車人員跟護理人員也都在第一線努力付出。」

總結來說，由於人們善於辨識假意恭維，因此這類的引導線最好是間接進行，並且是在可掌控的情況下使用。巧妙抛出牽線後，對方對你的印象會更好，更願意與你分享訊息。

祕密交換

在第一章曾討論過，處於祕密關係中的兩人，會如何在不讓他人知道的情況下分享祕密。我們也發現，祕密會讓兩個守密者之間的關係更加緊密。不同的研究顯示，共享祕密的兩個人，對彼此的吸引力及親密感都會增加。主要是因為分享祕密需要守密者之間的相互信任。

因此，當一個人開始與另一個人分享祕密時，代表對接收訊息者的信任與親密感，接收者自然也會想回應這份信任與親密感。

研究指出，祕密的本質與內容對信任的形成其實沒有太大影響，而是分享祕密的感覺及親密感對接收者產生影響較大。

綜上所述，如果能與守密者分享訊息（無論內容為何），並形成祕密關係，則對方也會與你分享祕密。這種祕密關係不是說「個人」的人際關係，例如要與守密者約會或上床——這是不道德的。然而，透過與守密者分享自己的祕密（無論內容為何），對方都會感到受寵若驚，進而提升親密感與信任感。

守密者在心中評估後，會覺得這段關係已經有情感基礎，認為你是可以信任的夥伴，便能迅速建立進一步的交流平臺。

試想，如果有朋友告訴你：「我從來沒告訴過任何人這件事，但是我跟你說……」接著告訴你某些非常重要的訊息，你會因此感到非常榮幸，覺得與對方的關係更進一步，這是人之常情，不難理解。因為從你的角度來看，在對方認識的所有人中，你是唯一一個知道這件祕密的人。

如果你想從好友、患者或客戶身上獲取敏感訊息，你可以透過分享自己的祕密來打開對方另一層的心防，同時也能降低對方說出祕密後的羞愧感或負面感。

利用直接或間接的引導技巧來分享私人的祕密，可以與拉近與守密者之間的距離，並幫助有祕密卻難以說出口的守密者。

絕對不要與守密者分享另一個人的事情，因為這會讓對方懷疑你的誠信，讓他覺得你也會把他的祕密洩漏出去。

如果你想強調自己的口風有多緊，在不需強調「相信我」的前提下（因為這招不管用），你可以試試說：「關於那件事情，之前有人告訴我一些祕密，但我不能說，因為我答應過不告訴任何人。」這招會比較有效，因為守密者會評估你的話，藉此判斷是否能信任你，考慮要不要跟你分享訊息。

如果一名健康管理師之前經歷過暴食症，而現在正想協助客戶說出飲食失調所遇到困難，健康管理師就可以說：「我之前從來沒有告訴過客戶這件事，其實我在青少年階段曾經有過暴食症。」或者「這件事情你知道就好，我沒有告訴過別人。幾年前，我有一段時間經常暴飲暴食，後來還靠吃瀉藥來減肥。」在適當情況下，即便這不是實話，但也可以派上用場。

然而，這種話要發揮作用，還是得讓被套話的人感到彼此之間有特殊的連結，親近到足以跟對方分享祕密。

在此例中，其實不管健康管理師說什麼，只要那是一件只有守密者才知道的祕密就行，可以是健康管理師遇到霸凌的遭遇，可以是他童年的祕密，甚至是財務狀況。

從守密者的角度來看，重點是健康管理師願意與他分享個人內心深處的祕密。基於關係互動的自然本質，守密者會受到激發，考慮提供另一個祕密做為回饋。如此便形成祕密關係，並且構成訊息分享的連結。

在引導過程中，你所分享的訊息最好是與你想要獲取的訊息類型相同——下一節會解釋——但並非絕對。**只要守密者相信你說出深藏在心底的祕密，這就足以奠定祕密關係的基礎**，你距離更深入的資訊也不遠了。為了達到目的，你可以選擇編造祕密，也可以說出真實祕密。

員工對上司分享「祕密」，增加工作關係以外的交流。如此一來，上司也會與其分享管理決策上的祕密。反過來說，與員工分享祕密也能讓上司獲得關於員工的消息。

若想獲取對手公司的訊息，員工可以在貿易展會上，與較友善的對手公司分享捏造的機密內容，讓對手以為雙方的關係比實際上更密切。

徵信社的人在酒吧偽裝成顧客，跟委託人的丈夫分享「祕密」，說他（私家偵探）有外遇。結果，委託人的丈夫也坦承自己有外遇。

在約會時，一方說出心底深處的祕密，希望對方能因此打開心房，說出更多不為人知的事情。當這種情況發生時，祕密關係隨即形成，而且會因此提升吸引力與親密度。

以物易物

以物易物是指「用A換B」，或是「我幫你，你幫我」，例如你幫我抓背，我幫你搔癢；也可能是生意上的協議，例如「如果我幫你（或你的公司）做這件事，你也得幫我做那件事」；也可能是一場交易，例如某人付錢後，因為這筆錢而得到商品或服務；或者小孩自己整理完房間後，大人給小孩零用錢。

這種相互性除了會出現商業關係與交易關係上，社會中也處處可見。例如當一對夫妻邀請另一對夫妻到家裡吃晚餐，受邀者會覺得應該要有所回禮。同樣地，你在工作時，如果突然有人請你喝咖啡，你也會覺得要回應他人的善意。面對如此正面的人性，一般人也會想以類似的善意作為回應。

以上述例子來說，如果有人請你喝咖啡，就算咖啡與樂透的金額相當，你應該也不會選擇用樂透來回贈對方吧！因為你所回應的不是價格，而是心意。因此最好是以相同或類似的形式回贈。同樣地，如果鄰居在你出門度假時幫你收信，當有一天換鄰居要去度假，你應該也會幫他做同樣或類似的事情。

我們通常都希望回饋對方類似的事物，就算沒辦法等價回報，怎樣都還是會想辦法還對方一份人情。

舉例來說，在一項研究實驗中，有人主動請大家喝可樂，之後大家又遇到這個人在賣獎券。結果，之前有收過可樂的人所購買的獎券數量是沒有收到可樂的人的兩倍——這就是以物易物的相互性。在面對相互性的義務感時，即使缺乏與可樂等價的東西，大家還是會改以購買獎券來滿足自己的義務感。

從套話的角度來看，人類的這種天性扮演非常重要的角色，因為同樣的道理也適用於訊息的交換。試想，當你與某人的關係僅止於工作，雖然你們都很友善、相處也非常融洽，但兩人只會在公司見面，討論的話題也僅限於工作內容。某個星期一早晨，對方突然告訴你他上個週末做了什麼事情，在那種情況下，你會覺得自己應該也要跟對方分享你週末的活動。接下來，對方會說出更多細節，你也會覺得有義務要繼續回應。

為了進一步獲得訊息，我們可以先提供他人一些訊息——與我們想從守密者身上得到的訊息類似或相同，但並非以交易方式進行。

舉例來說，在一場軟體貿易展會上，你不會直接說：「我們公司打算推出新遊戲，你們也要嗎？」大部分的守密者對於如此直白的說法會感到不自在且有所抗拒，尤其是當對方非常忠於自己的公司時。我們希望藉由告訴守密者某些消息，如此一來，他們也會覺得有義務要主動以類似話題回應。

前一節提過，若想透過分享祕密而取得真正的祕密，比較好的說法應該是：「這件事情只有你知我知就好，我們公司除了主要的生意項目之外，現在正在開發遊戲新市場。」然後你得暫停片刻——強迫守密者對此祕密有所回應。

在這種情況下，取決於你與對方的關係，守密者可能會覺得有義務要分享類似情報，說：「嗯，我老闆幾個月前也做了相同決定，我們現在正在發展語音辨識平臺，除了平常的工作，這件事情也用了公司許多資源。」

守密者會因為祕密分享及相互性的結合作用，覺得增加了親密感，進而認為有必要分享相同或類似的訊息。

在一場大型的藥商會議中，史丹和西門碰巧在自助午餐中相遇，史丹想要從西門身上挖掘祕密。兩人之前已經在類似場合中見過幾次，儘管公司處於競爭關係，但兩人之間還算友好，因此決定一起坐下來吃午餐。在史丹的建議下，他們決定會議結束後一起去酒吧喝一杯。

史丹故意約在酒吧，如此一來，西門才有可能在放鬆的環境中卸下心防，否則在會議現場，西門會一直記得自己代表公司，會提醒自己要避免洩漏公司機密。

當晚在酒吧，史丹編了一個故事，希望藉此從西門身上套出真正的祕密。史丹說：「有件事情我想告訴你，是關於我們公司，真的讓人很不爽。這是機密，但真的很蠢。你也知道藥品業是怎麼回事，所以你一定知道我在說什麼，不過你能保密嗎？」

西門回答：「當然。」

史丹先徵求對方同意，西門給予正面回答，並且專心傾聽對手公司的祕密。至此，西門已經上鉤了。在心理上，此舉加強了西門的義務感，認為要以相同的情報回應對方。一段祕密關係由此產生。

史丹說：「好，你千萬別說出去。我們公司刪減了百分之三十的研發預算，並且停止研發新的偏頭痛藥。」

西門說：「是喔，這聽起來可能有點瘋狂，但我最近也剛收到老闆的信，說要減少研發預算，把資金用來從中國進口前體，降低在國內的製造成本。」

史丹說：「真的嗎？對你會不會有影響？」

西門說：「我應該還好，你知道的，我只負責推銷，而公司需要更多的銷售員，畢竟我們的市占率一直下降。」

史丹說：「那就好，西門，只要你沒受影響就好，表示以後還可以一起吃免費午餐！」

史丹利用了READ引導模組的轉移技巧（詳情請見第四章），將話題從祕密相關的事情轉移成更正面的主題，而西門在說話時戒心也隨之降低，對於說出口的話，他會有比較正面的感覺，不會後悔說出跟史丹「分享」的內容。

西門在不知不覺的情況下向競爭對手透露重要訊息，為什麼？因為他所處的環境讓他覺得很安全。如果這段對話是在會議場合或在其他同事面前進行，西門就會在心裡不斷提醒自己的責任以及要對公司忠誠。

此外，史丹分享了（假的）公司研發預算祕密，讓西門覺得這段關係彷彿更進一步，可以分享機密消息，加上相互性的義務感，他會說出同等重要的祕密。還有，由於兩人之間已經形成祕密關係，既然西門已經「分享」過一次訊息，接下來他繼續與史丹分享公司機密的機率就很高。事實上，西門甚至可能會主動與史丹聯繫，傾吐更多事情，因為史丹現在已經成為他的吐密對象。這就是以密易密搭配有效引導的力量。

假裝不相信對方的話

表現出懷疑、不相信的態度，也是引導守密者進一步說出細節的技巧。當守密者已經說出部分事情，你若能以溫和的方式表示不相信他所說的話，則守密者會覺得有必要證明訊息的正確性。

以史丹和西門為例：

西門說：「我應該還好，你知道的，我只負責推銷，而公司需要更多的銷售員，畢竟我們的市占率一直下降。」

史丹說：「不會吧，真的嗎？我看過你在會議上展出的主打商品，品質看起來比我們公司好很多，你們公司看起來不像資金有問題啊！」

西門說：「是這麼說沒錯。但事實上是因為我們在檯面下已經縮減許多內部成本，才有辦法做行銷來爭取客戶。我們其中一個老闆連公司配車都賣掉了，我想今年應該沒人能拿到分紅吧。」

史丹透過不相信的技巧，從西門口中引導出更多細節。如果史丹的公司打算透過惡性競爭擴大規模的話，西門的公司就岌岌可危了。

在許多不同的行業及情況下也能使用「不相信」的技巧。公司調查員、警察和律師可以「不相信」證人或自首嫌犯所說的話，藉此進一步證實證詞、額外訊息或當下情況的內容，例如：「是真的，我看到了。你可以問我鄰居，她也看到了。」

醫療人員可以「不相信」患者的話，藉此引導出更多關於就醫紀錄的細節。「真的，醫生之前就有開過這種藥給我，你可以打電話去偉恩醫生的診所求證。」

當學生告訴老師，是一個平常表現良好的好學生要為意外事件負責，老師可以「不相信」，藉此促使學生說出更多細節。

談判者可以藉由爭論對方是否有能力達成目標，表現出「不相信」對方提出的條件。

當守密者已經說出部分訊息，但仍有所保留時，如果你想證實內容的正確性或尋求進一步的細節，在很多情況下，「不相信」的技巧就可以派上用場。

三 提供假情報

假情報跟「不相信」的作用非常類似，都需要你刻意在守密者面前說錯話，讓守密者有機會糾正你，你便可藉此獲取相關訊息。

這條引導線對以自我為中心、覺得自己很重要的人，還有一心只想著技術（通常很難接受誤差），以及公司高層等人身上特別管用。如果你屬於上述的其中一類，要拉出引導線就會比較困難，因為你在某種程度上必須學會「耍笨」，或者至少要假裝無知或非常天真。

幾年前，彼得・福克在電視劇中飾演一名名叫可倫坡的偵探，他就是利用假情報的技巧達到非常好的效果。他經常當一個看似含糊、隨性的偵探，在證人或嫌犯面前說錯話，讓對方忍不住糾正他的錯誤。他藉此從守密者身上引導出大量訊息，然後發揮如福爾摩斯般的推理能力，每週都將不同的壞人繩之以法——就這樣過了好幾年！雖然這只是電視虛構情節，但面對錯誤陳述內容時，相同的人性反應卻是再真實不過了。

你想買車，碰巧在派對上遇到當地車行的資深經理，他身上肯定有你所需要的情報——他就是你要套話的對象。你想買車，但你負擔不起新車的全額價，也或者你就是不想花那麼多錢！因此你要把握機會從眼前的守密者身上打聽出價格祕密。

利用釣鉤開啟對話後，你向該經理表示，現在的汽車銷售市場肯定很難做，聽說每輛車的利潤只有百分之一到二（其實你知道淨利大約為百分之五到十），日子肯定很難過。

該經理接著就會說，事情並非如此，他們的獲利空間約在百分之五，加上賣出那輛運動車還有額外獎勵，因此他有多進了幾輛。接著，你故意說出其他錯誤訊息，表示隨著貨幣貶值，這些進口車的成本肯定會上升，獲利空間也就跟著下降。

他會繼續糾正你，說他手中的車都是在貨幣貶值前就已入港，因此他的購入價格比其他晚下單的車商還低。他說自己很幸運，因為接下來在全國行銷廣告聯盟上所刊登的銷售價是漲價後的價格，因此他每賣出一輛車，至少能賺百分之十，不像其他車商只能賺百分之五。

透過假情報，你可以得知很多事情，例如知道要找哪個獲利空間較大的車商買車。清楚這一點，你就可以準備好與車商談價的策略，最後應該可以拿到比其他車商更便宜的購買價。

當你刻意說出假情報時，就算對某事的理解有誤也沒關係，但重點是不要說出錯得離譜的話，造成被套話的人對你的信用出現負面印象。

這也許會導致守密者不願與你分享訊息。為了避免此事發生，你可以虛構一個第三者，將錯誤消息、評估內容或陳述推到他身上。

例如說：「是有個朋友告訴我說……」或「我曾經在一篇部落格文章中看過……」這不但能保護你的可信度，還能達到相同目的。

利用假情報所拋出的引導線可以發揮良好作用，亦可搭配其他引導線使用，只要別裝傻裝過頭，讓守密者懷疑你就好。

利用「一面之緣」

我們都知道，一個人要獨自保守祕密很困難，想與別人分享事情是天性。在此情況下，大部分的守密者都至少會跟另一個人分享祕密。我們在第一章討論過，許多研究都指出，人類之所以有祕密，是因為不希望自己與他人的社會關係惡化。

事實上，某項研究顯示，百分之九十二點八的保密原因都是想要保護守密者及其人際關係，避免出現負面社會效應。這讓守密者不得不在分享訊息的本能及擔心關係惡化的可能性之間尋求平衡。

有一種方法能讓守密者既可分享祕密，又能降低後續風險——把祕密告訴一個以後不會再見面的人。這種情況下，守密者會比較放心說話，反正應該也不會產生任何影響。

這種情形可能會發生在跨州會議、在飛機、火車或巴士上，或是在罕見的社交或商務場合中。如果當下情況是你只需與守密者單次互動，就可以強調彼此以後不會再見面，守密者便會自行評估在該情況下與你分享祕密的後續風險。然而，你也可以選擇說出共同的情況，創造特殊的機會來分享祕密，可以說出彼此的看法，又不會被對方發現你的目的。

你在外地參加派對，或是守密者是從別的地方過來參加派對，你發現對方有你想知道的祕密。在此情況下，你可以告訴對方，因為以後應該不會再見面，所以你想跟他分享祕密，然後你可以講一個真的祕密，或隨便捏造一個。

你分享祕密的舉動會建立起彼此的相互關係，你所說的事情也會讓對方反思自己的情況，並且有機會說出相同的事情，例如：「反正我以後不會再見到這個人，就算把祕密說出來應該也無妨。」在這種情況下，守密者便會自在地暢所欲言，說出隱藏在心底的事情。

這類的機會不是只能用在為自己獲利，這也是一次非常好的機會，讓守密者可以說出心裡的話，尋求外界的意見或支持。在此情況下，你只需要把握機會，利用引導技巧來幫助背負沉重祕密的他（一個你不會再見的人）。

找出共同敵人

如果你支持某個運動隊伍，穿著代表該隊顏色的服裝去看比賽，身旁坐了一個類似裝扮的支持者，你會很喜歡這種感覺。

這是一種無須言明的共同點——你們都支持同一隊，都渴望打敗敵隊。再加上如果敵隊的支持者坐在前面，或是對方的支持者拿出大型手掌氣球（敵隊的顏色）揮舞、擋住你們的視線，那你們肯定會有更同仇敵愾的感覺。

如果另一個跟你同隊的支持者靠過來說：「前面那個舉氣球的人真沒水準，害我都快看不到比賽了！」你可能會補上幾句附和他的話。如果跟你立場相同的支持者，要求敵隊的支持者把加油的氣球放低一點，你應該會幫忙吆喝一下——

因為你們是同一條船上的人。

還有另一種情形：想像你在機場櫃檯前排隊，廣播傳來班機將誤點兩小時，旁邊有人說：「你相信班機只會誤點兩小時而已嗎？上次他們也是這麼說，結果我還多等了一個小時。」你可能會傾向同意他的說法，或者對這件事說出的類似評論，強調自己與對方立場一致。

「敵人的敵人就是我的朋友」這句話非常適合用來形容引導他人對話的過程。你們會因為在同一時間對同一件事有相同的感覺，因而迅速站在同一邊。

稍微回想先前討論過的內容就知道，這麼做會產生情感連結，有助於兩人之間的訊息交流。令人驚豔的是，在面對共同敵人時，這種連結性更強了，甚至比兩人有共同看法或喜歡同樣事物時還要強烈。

當守密者表示自己喜歡特定歌手，如果你表示認同，就能迅速與他建立關係，因為你們有共通點。但此舉所創早的連結強度卻不如對方說他討厭某歌手，而你也表示自己很討厭該名歌手時所建立的連結性來得強。如果守密者在某些情況下表示自己不認同或不喜歡某件事，一旦同意對方觀點，就能表現出情感認同，拉近彼此關係。

有趣的是，許多研究顯示，憤怒會帶來力量，會令套話更加順利；在沒有憤怒情緒的情況下，訊息流動速度較慢。當然，你肯定不希望守密者對你生氣；但是，如果他跟你都對某些人事物有強烈的負面觀感，這就形成了共同經驗，進而產生有力的連結。

如果守密者表示不喜歡特定功能或公司的某些事情，你最好讓對方對你大吐苦水，而你只需要支持他的不滿，並且採取心理鏡映技巧。守密者在宣洩後，心理上就會感覺跟你比較親近，在那當下，他保護祕密的心防也會隨之降低。但是，如果守密者發洩過頭，下次再見到你時，就有可能把你與他當時不滿的情緒畫上等號。因此，如果對方已經有點情緒化，你要試著安撫對方，並把話題導向較為正面的內容。

在對話過程中，尋找守密者強烈討厭的人、事、物，他們對此事的情緒越強烈，一旦你表明認同對方的觀點，兩人的距離就越近。

這個引導技巧要獨自發揮作用力量有限，但如果能搭配其他引導線使用，絕對是你的利器。

全世界只有你獨有

人心有時候很難預測。當某件事物數量很多時，不管是多好的東西，我們都不會特別想擁有它；但如果是獨有、稀少的東西，不管那是什麼，我們都會非常想要獲得。

東西越罕見，人們就越覺得有價值。舉例來說，貓王的音樂會海報複印了上千張，對收藏者來說就毫無價值可言。但他們會願意出高價購買原始海報，如果是原版簽名海報價格更高，更別提如果是艾維斯簽下的最後一張海報，擁有者更能賺到一小筆財富。在我們心中，稀有性似乎與價值畫上等號：東西越少，價值越高。

從十九世紀以來，白熾燈泡就以不同的形式存在。過去幾十年來，這類燈泡的銷售情況及市場需求度一直很穩定。這些能發揮作用但卻沒什麼新鮮感的燈泡一直供貨充足，非常便宜且唾手可得。但在二〇〇五年時，事情發生變化。許多國家表示計畫要淘汰傳統的白熾燈泡，改以節能燈泡或LED燈來取代，降低經濟及環境成本。

德國一宣布要禁用傳統白熾燈泡，銷售量立刻上漲百分之三十四。同樣的情況也發生在其他國家，因為這種燈泡在市面上會越來越少，因而引發前所未有的搶購潮。即便還有其他的替代品，未來節能燈泡也不會缺貨，但是當人們知道傳統燈泡以後不再到處可見，想要的慾望就會比以前更強烈。

一九八〇年代也有類似的情況。由於可口可樂的市占率下降，公司決定進行大規模的研發調查，開發新的可樂配方，其中包括了超過二十萬次的試飲。根據試飲結果，百分之五十五的人喜歡「新」可樂。大部分的測試都是在盲飲的情況下進行；但是當參與的試飲者知道哪瓶是新可樂之後，滿意度瞬間提升為百分之六十一。

當時負責研發調查的主管肯定對此結果非常興奮，因為這表示大部分的人都喜歡「新」配方，並且預設這多出來的百分之六是代表參與者想要改變。

他們錯了。嚴格來說，這是一大誤解。他們看到的其實是實驗參與者想要即將上市的產品，也就是在當時還很少有人能喝到的新可樂。這多出來的百分之六並非想要新東西，而是渴望擁有稀少、獨特的可樂。

順著稀少、獨特的原則，當「新」可樂在一九八五年上市時，一開始的銷售量上漲了百分之八，因為當時這東西還很新、很罕見。然而，當「新」可樂充斥市面後，銷售量就開始停滯，抗拒聲浪隨之而起。人們開始想要原來的可樂，因為在銷售架上，新可樂已經取代原味可樂，原味可樂變得越來越少。

現在，原本的市占率已經下降的原味可樂，能喝到的人越來越少，因此又變成大家的最愛。這在當時造成相當大的衝擊，於是在一九八五年七月十號，新可樂上市還不滿三個月，可口可樂公司就宣布原味可樂即將重新上架。

覺得自己可能錯過，或是只能在有限的機會中獲得，就是這種機會難得的心態驅使，讓人難以抗拒——這種天性也成了廣告商的目標。成功的促銷行動背後肯定有一個聰明行銷團隊，會用「只有今晚」或「告別之旅」來強調以後要再看到某件東西的機會很少了。想要擁有稀少事物的慾望並不僅限於高價收藏品，也不是只有富人或名人能擁有。想想在周年慶或關門大拍賣時，那些在店外大排長龍的人群，通常旁邊都看到廣告寫著：「快！拍賣倒數一日」或「最後大減價」。

這些再平常不過的銷售伎倆之所以管用，就是因為它抓住人類的心理。當某些東西貼上「限量版」或「限時促銷」，不管是車子、硬幣、郵票、T恤、印刷品，甚至是某種口味的漢堡或飲料，銷售量肯定都會暴增。因為供應量不足，所以人們越想得到。

同樣的道理能使用在套話上嗎？人們是否會渴望知道鮮為人知的消息？答案是肯定的，而且有研究能證實此一論點：當美國的牛肉批發商聽說澳洲牛肉會因為氣候因素而減量，訂單瞬間多了一倍。但是當批發商得知消息來源是祕密管道，銷售量增加了百分之六百！

同樣地，公司的「內部消息」或是資金流入股市的消息都會對股價造成影響。對大多數的人而言，如果是獨家消息或者一件事情沒多少人知道的話，消息本身的可信度就會瞬間增加，變成令人難以抗拒的訊息。

跟人們想要擁有稀有機會和獨特事物一樣，東西越少，大家越想要；如果消息來源越獨特，影響力就越大。在與守密者互動時便可利用此一技巧，指出兩人關係的獨特性，說：「真的很幸運，我們如此信任對方，還可以分享祕密——這種關係真的很罕見。」

此外，與守密者分享祕密時，為了讓對方也說出自己的祕密，你最好要強調自己口中訊息的獨特性。

事實上，跟守密者說話的策略就是讓他知道，你想告訴他一件從未對別人提起過的事情，但你不確定到底該不該說，不知道守密者是否真的想知道。如果他願意聽，這件事情全世界就只有你們兩個人知道而已。

在你分享訊息後，一定要強調訊息的獨特性，並且用祕密交換的技巧來引出守密者身上的類似祕密。在為守密者提供支持、諮商或建議時，使用類似的策略定會有所助益，例如強調兩人關係的獨特性，並且告訴他，就是因為這層獨特的關係，你說的祕密只有他知道。

目 強調對方的重要性

有一種守密者會特別想讓他人留下深刻印象，這也是最理想、最好引導他說出祕密的守密者。想從這種人身上引導訊息，就像從嬰兒手中拿取糖果一樣，完全不費吹灰之力！只要提出一個簡單的問題，就能誘使這種人夸夸而談，讓你覺得他很厲害。

要達到目的，你可以在日常對話中，假裝自己對某件事情很感興趣，非常想學習，甚至讚嘆對方在此方面知識淵博，然後慢慢將話題導向祕密相關的主題。

當對話內容轉成敏感話題時，對方很難突然從主導對話的專家變成具有防衛性的保守性格。這種人就喜歡聽到自己的聲音，只想當焦點人物。一旦你讓他開口說話（這通常不難），即便會觸及某些祕密，他也很難把麥克風交給其他人。

此時，你只需裝糊塗就好，讓對方有機會表現。如此一來，自己的隱私、別人的八卦、對公司的忠誠感……全都會被他拋諸腦後。你只需要說：「我從來就不知道這些！」、「太神奇了！」或者「還有沒有別的？你只知道這些嗎？」就足以讓對方願意滔滔不絕地說下去。

為了得到更多訊息，你甚至可以向守密者提出假設性的問題，（假裝）你發現某件複雜或有趣的事情，想尋求對方的建議或看法，例如說：「如果你的公司打算……」或者「假如你們總裁突然生病，要你接管公司，你會做出什麼改革嗎？」或者「你可能沒辦法幫忙，但我只是在想，如果有新的投資者……」這類的問題都會讓眼前的「聖人」願意分享更多公司內部的機密消息。面對想在他人心中留下深刻印象的守密者，這個策略是再好用不過了。

專家、研究人員、技術人員和資深主管，這些有機會接觸到機密消息的人士，若是不懂自我警惕，通常都對「哇，你好重要！」這句話毫無招架之力。

3-2

延續對話內容

使用對的延續點

你已經用了非常棒的誘餌讓對方迅速上鉤並與你進一步對話，也拋出了幾條引導線（討好對方、祕密交換……等）。至此，你與守密者已經有了穩定關係，守密者也對你卸下心防、分享資訊。下次你再見到守密者時，肯定不想再重複上述過程、重新建立關係。

因此，你現在要做的，就是想辦法讓這種感覺延續下去。我知道這麼做可能有點狡詐，但我的目的很簡單——就是要讓此次對話的正面感與親密感延續到下一次的對話當中。

如果你能以上次結束對話的感覺來開啟下一次的對話，這是最理想的狀態。如此一來，你與守密者的互動就有正面且熱絡的開始，與前一次對話結束時的感覺一樣。

要達此目的，我們必須點燃上次互動時的熱度，確保分享平臺的存在。換句話說，我們想讓守密者想起先前相遇時的正面感及親近度。要是你想達到此目的，就先想想第一次與守密者對話的過程中，對方究竟是在何時突然回應你的話、與你分享訊息——這就是延續點。

延續點是守密者在對話中出現愉快的反應，並且開始分享比先前更機密的訊息時；不管是什麼事情刺激了對方的反應，這就是你下一次見面時需要注意的延續點。

對話中的延續點可能出現在你說的某件事情或守密者說的某件事情上。

如果在對話中因為提到某件事情，結果導致對方說家裡的寵物剛死掉，對方也變得有些感傷，那你下次還會提同樣的事情嗎？當然不會，因為可能會讓對方再難過一次。這就不是一個好的延續點。

相同的原則也可以用在好的延續點之上。你要在第一次對話中找出好的延續點，將其運用在第二次的對話裡。在第一次對話中，你要找到自己與守密者感覺格外親近的部分，並在第二次的對話中，讓守密者重拾這種感覺。如此一來，你與守密者應該就能迅速回到第一次對話時的親近感。

延續與某人的感覺

試想，當你在對話過程中提到傑里．賽恩菲爾德，說他是多麼有趣的喜劇演員時，如果守密者對你微笑，然後說他看過所有傑里演的劇集——這就是延續點。在情況許可下，你可以找到更有效的延續點，問他覺得哪一集最有趣，並且跟他討論。舉例來說，如果對方提到一個有趣的點或是劇中的部分情節，你又有更好的延續點了，因為這肯定是守密者心中某件非常喜歡的事情。

或許守密者會告訴你，當他聽到傑里用鄙視的語氣跟矮胖的郵差說：「嗨，紐曼。」真是超有趣時，這就是非常棒的延續點。當你下次遇到守密者，你甚至可以對他說：「嗨，紐曼。」藉此喚醒他當時想起該劇的快樂感覺；更重要的是，這也能喚醒他與你之間對某些事情的相同感受，進而強化先前建立的情感連結，讓你們重新搭上線。

雖然理想的延續點最好是讓人高興的事情，但也並非絕對；重點是對話中的有什麼事情讓你們開始與彼此分享祕密。

舉例來說，當你提到主管非常支持你的工作時，守密者說主管對他的努力一點都不放在心上，然後開始說公司事務的細節，那麼守密者的主管就是延續點。下次再見面時，你可以利用心理鏡映技巧，使用延續點找回應該先前願意分享訊息的狀態。例如你說：「我的主管不像以前那麼支持我了；事實上，她根本沒注意到我最近做了多少工作。」這應該就足以讓守密者開始談他的主管以及公司事務的細節。

延續點的主題不一定要跟你想知道的祕密主題相關。你只要找到一個延續點，讓對方願意說出比平常更多的事情就行了。

如果守密者開始大肆談論家庭，你就順著他的話，也分享類似的家庭故事。只要有分享，不管什麼都好。在對話過程中，你可以將談話內容引導到與祕密相關的話題。但記得在此例中，延續點是家庭，因此下次再見面時，就從談論你的家庭開始。這會將兩人帶回分享的平臺，你可以利用先前投入的技巧來包圍對方，找回第一次談話的感覺。

請參照第二章的〈電梯裡的雙面鏡〉，參考有效的延續點範例。

當你注意到守密者有正面反應或是突然願意分享訊息，記住當下到底是發生何事，並且在往後的對話中以此做為延續點。當你們下次見面，這會迅速讓你們回到先前對話中分享訊息的親密感。

本章重點

- **引導誘餌包含兩部分：**
  陳述：談話內容要包含兩人的共通點。
  接續問題：促使守密者繼續跟你說話。
- **「引導線」是影響守密者（在上鉤後）打開心房繼續跟你說話的技巧或策略。**
- **使用引導線的成功關鍵是要讓守密者相信你是真誠的；破壞引導線最快的辦法就是守密者認為你不真誠。**
- **成功的引導線例子：**
  奉承。
  祕密交換。
  以物易物。

假裝不相信對方的話。
假情報。
利用「一面之緣」。
找出共同敵人。
全世界只有你獨有。
強調對方的重要性。

- 建議單獨使用「奉承」技巧，因為人們善於辨識假意的奉承。若能巧妙運用，以奉承作為引導線是最有效的；可能的話，最好從守密者認同的第三方下手。
- 絕對不要與守密者分享另一個人的事情，因為這會讓對方懷疑，你是否能為他保密。
- 如果你想強調自己的口風有多緊，你可以試試說：「關於那件事情，之前有人告訴我一些祕密，但我不能說，因為我答應過不告訴任何人。」這招會比較有效，因為守密者會評估你的話，藉此判斷是否能信任你，考慮要不要跟你分享訊息。

- 與他人發展新關係最快的方法就是加入祕密，分享兩人專屬的祕密能增加對彼此的吸引力。
- 建立延續點的目的是要讓此次對話中的正面感與親密感延續到下一次的對話。
- 延續點是守密者在對話中出現愉快的反應，並且／或者開始分享比先前更機密的訊息；不管是什麼事情刺激了對方的反應，這就是你下一次見面時需要注意的延續點。

CHAPTER FOUR

第四章

READ
引導模組

到目前為止，我們已經討論過祕密的本質及其影響，以及人們為何會想要隱藏祕密。我們也學到好用的對話技巧，能夠巧妙地引導對方說出你想得知的訊息。

除此之外，即便是面對防衛心極重、小心謹慎的連環殺手，這些技巧也非常管用。「引導說話術」、「人性變化」以及「隱匿心理」分別是三種不同領域的複雜知識，本書則是將上述三領域合而為一。如此一來，讀者需要一套清楚可靠的模組來學習複雜的套話過程。為因應此需求，我獨創整理出一套 READ 引導模組，以簡明易懂的方式教導大家這項技巧。

實用的解密方式

現實生活中的間諜或情報員可不是像電影演的那樣，直接走向消息來源、拿槍抵住對方下巴，再說幾句威脅的話就可以取得情報，也不可能對消息來源下藥、拍裸照，然後威脅要寄黑函讓對方鬆口……好吧，也不是不可能，但畢竟這種情況不常發生。

無論如何，上述方法都不是在日常生活中取得情報的方式。但是，在搜尋情報時，我們可以利用一套既能達成目的，而且是完善、有用（且合法）的方式來進行。

我從專業上非常複雜、訊息密集度極高的引導方式中，簡化出一套有效易懂的 READ 引導模組，方便讀者在日常生活中使用。進一步討論該模組之前，我們先來看看 READ 的起源與基礎——間諜的祕密世界。

4-1 間諜如何使用 READ 模組

鎖定想套話的對象後，在與對方實際接觸之前，祕密探員與支援團隊會先投入數百小時，全面調查守密者的相關背景，並從各方蒐集情報，包括守密者的電話使用習慣、旅行紀錄、消費習慣、俱樂部會員資料、個人及工作人際網絡，甚至是性癖好，事先充分了解守密者生活各方面的動態。

預先調查與搜集情報的目的是要建立守密者的「個人檔案」，知道他的喜惡、強項與弱點，才能找出接觸守密者的最佳方式，以及該在何時進行。

最重要的是，到底要派誰上場才能順利引導守密者說出實話。如同先前提過，大部分的守密者都至少會跟另一個人分享祕密，通常是親人或密友。事前的相關調查與情報搜集就是要設計出一場完美的相遇，讓祕密探員順利成為守密者心中的「那個人」——願意分享訊息的對象。

與守密者相遇相知

在研究調查階段發現，該名掌握重要情報的守密者（又稱目標）非常喜歡黃金獵犬，並且養過這種狗；此外，守密者也非常同情西藏人民的處境。事先知道上述情況，便能挑選適合的探員上場。最理想的探員莫過於具有西藏血統之人，但若找不到這種人，就得找一個非常熟悉西藏情況、甚至能明顯表現出同情西藏人民處境的探員來執行任務。

與守密者碰面之前，該探員已經對黃金獵犬有相當的了解，甚至還參加過幾場寵物展。此外，調查發現守密者的鑰匙圈有黃金獵犬的圖樣，此一調查結果提供了「拋餌」的契機。

該探員利用心理鏡映，當他「碰巧」在機場排隊時遇見守密者，便能用「發現」黃金獵犬鑰匙圈為契機，引導守密者上鉤。一旦迅速找到共通點，就可以「很自然」地聊起養狗話題。

精密策畫之下，守密者與探員在飛機上又剛好坐在一起，此時探員便可拋出事先想好的引導牽線，迅速建立緊密關係。在飛行途中，該探員也找出下次對話的延續點。

這只是事先規畫好的眾多引導內容之一。但從守密者的角度來看，這純粹是一場愉快的交談。後來，探員有意無意說出心中祕密，流露出對西藏人民的同情與強烈的情感（以分享祕密來換取真正的祕密）。守密者隨即說出類似看法，兩人之間的互相信任由此而生。

該探員變成守密者心中的「那個人」，並可以在之後的見面中引導對方說出更多探員想知道的事情，但守密者永遠都不會知道，這是一場有預謀的相遇。這是全世界情報單位在進行滲透或引導目標時經常使用的方式，效果奇佳，幾乎百發百中。

由於一般人想要套話的內容，無關生死或國家安全，也不必滲透到俄羅斯聯邦安全局，因此無須接受全面性的訓練。雖然沒有調查團隊、法務會計和心理學專家提供協助，我們還是可以在日常生活中運用相同的引導流程。本書將此流程簡化為 READ 模組。

4-2

READ 步驟詳解

READ 代表四個引導步驟，這句口訣可以幫助讀者輕鬆解密。此步驟可適用於長、短期引導，亦可用於直、間接引導過程。每個步驟之間環環相扣，重要性不相上下。無論在什麼情況下，為了確保能達成目的，建議依序採取下列步驟。

R（Research and assess the secret-keeper）：**研究及評估守密者**

- 研究：盡可能取得與守密者相關的資料，所需時間短則幾分鐘，長則數月，視情況而定。

・評估：分析守密者在見面環境下的狀態。

E（Engage the secret-keeper）：與守密者搭上線——放餌、牽線與延續話題

・放餌：根據評估內容，利用心理鏡映技巧，以雙方的共同興趣做為釣鉤、展開對話。

・牽線：接著拋出引導牽線，拉近與守密者之間的距離，迅速建立關係。

・延續：紀錄讓守密者產生正面反應、或是突然開始跟你分享訊息的對話內容。下次見面時就可以使用這些延續點，讓守密者重拾先前與你交流的正面感與親密感。

A（Access the hidden information）：接觸隱藏資訊——深入祕密。若想巧妙碰觸到隱藏訊息的主題，在對話過程中就要尋找契機，將對話導向祕密主題。

避免直接切入主題提問，畢竟太過直接可能會嚇到對方，而且這種印象在對話結束後還會繼續留在守密者心中。如果你注意到守密者說話開始有所保留，或他明確指出你的問題已經超過界線，你要先轉移話題，但是繼續拉引導線，與對方建立關係。但如果對方又開始透露訊息，你要盡力記住當下情況，找出下次對話時可以使用的延續點。

D（Divert the conversation）：**轉移話題。**這樣敏感的對話內容才不會在對話結束後，一直留在守密者的腦海裡。想辦法愉快地結束對話，如此一來守密者下次見到你，才能延續愉快的感覺。

接下來，我們將仔細檢視每一步驟的內容，了解運作方式，幫助讀者熟悉這個簡單而有效的引導策略。

第一步：研究及評估守密者

你對守密者認識越多，要搭上線就越容易，成功機率也越高。無論你只會在飛機上或咖啡館裡短暫見到對方一次，還是跟客戶、病患或小孩交流，抑或是參與精心規畫、複雜度十足的計畫，打算取得重大投資情報——一開始的研究及評估是成功的關鍵。這一步能幫助你設定有效鈞鉤、拋出適合守密者的引導牽線，並且在第一次見面時迅速建立關係。

在研究及評估階段，時間短則幾分鐘，長則數週。如果你想要在某地置產，可以透過以下例子快速進行研究與評估。當你想在某地置產，直接詢問當地房產仲介可能沒什麼用（他們肯定會鼓勵你買！）。想在短時間內知道當地情況，最好的方式就是與當地居民交流——他們就是守密者。別說出你想在當地置產或投資，如此一來，你就可以好好計畫要如何引導當地居民說出事實。

當你走進咖啡館時，先快速掃過一遍店內顧客的肢體語言，找一個看起來不趕時間的人（守密者），這一點很重要，因為忙碌的人會拒絕你。比較理想的對象是穿著打扮跟你相近的人，對方跟你互動時才不會有壓力。

與守密者接觸之前，你要盡量觀察，找出更多的訊息，紀錄下對方穿著的類型與品味，尤其要注意鞋子，這是大家最常忽略的細節。舉例來說，鞋子的腳姆趾處若有磨損，表示對方可能常騎車（要踩檔）；若有油漆漬，表示對方可能是畫家或裝修工人；破舊的高檔鞋表示對方可能正面臨經濟壓力。雖然無法從鞋子完整的判斷一個人，但卻能為你的全面評估補充重要訊息。

繼續觀察，尋找其他更明顯的線索，例如公司名牌、縫在衣服上或刻在皮帶扣環上的俱樂部或紀念品圖樣，或是鴨舌帽上的公司名字等等。或許對方身上會有軍隊、國家、種族、幫派或家族的刺青。許多人在離開辦公室時，都會把公司的門禁卡掛在脖子上或扣在腰間。對一個精明的觀察者而言，這是取得當事人準確訊息的好機會，能迅速知道對方的姓名、生日、職位，甚至是個人的安全等級資訊。也有些人會把駕照、身分證或健保卡放在皮夾內的透明層中，只要每次掏出皮夾付帳時，有心人就能看到許多訊息，包括姓名、生日、地址與其他家人的名字。

如果你有上述情況，請記得將這些卡片藏在皮夾或皮包的深處。小偷只要看一眼你的駕照，立刻就可以知道你家地址。

繼續觀察相同場景。你在排隊等咖啡時，迅速花一、二分鐘觀察對方，看他的手錶、配件（包括有星座圖樣、姓名或名字縮寫的項鍊）以及打扮程度。

當你把細節全部拼湊起來，就能迅速評估對方到底是專業人士、生意人、觀光客、待業中或推銷員等等。這類簡易評估有其必要性。進行評估時，要相信你對一個人的直覺，或許有時候會出錯，但大部分都很準的。就算出錯，你還是有一套完整的技巧可以使用，幫你為接下來的對話鋪出一條流暢且愉快的道路。

如果你第一次見患者、客戶或學生，就可以進行類似的簡單評估。在這些情況下，評估階段頂多只需一、二分鐘——不可能百分之百正確，但就算錯了也無妨。只要你能保持彈性，與守密者接觸後適時調整對話內容，你離想知道的訊息也不遠了。

當然，研究與評估階段也有深入、耗時的時候。如果守密者是你的潛在客戶、生意夥伴或競爭對手，研究與評估階段就相對重要，甚至得想辦法從各方面拼湊出對方的完整資料。在此階段，你願意投入多少心力準備，完全取決於你想知道的訊息價值高低。

不論你有沒有私家偵探幫忙，但只要多用點心，例如透過臉書、領英、谷歌與公司網站，即便還沒直接跟對方說話，你就可以先知道很多事。透過選舉名冊或其他公開資料可以找到地址，再透過谷歌地球（Google Earth）搜索地址，很快就能知道更多有用的訊息——守密者住家大小、車款、後院是否有放船、草皮是否有修剪，甚至有無游泳池。當訊息拼湊起來，你對守密者的了解也更加完整，有助於你做出正確評估。

如果守密者跟你在同一個地方工作，而他有自己的辦公區域，你只要稍加觀察，應該可以發現很多重要資訊。看看他擺放的照片、證書和書籍之類的物品，就能知道他是怎樣的一個人。

無論你只花一分鐘或是一個月進行調查，當你第一次與守密者見面，在決定要拋出什麼釣鉤與牽線之前，要先掌握對方當下的狀態。

這不是要你做專業的性格測量，你不需要知道該如何進行心理測驗或是人格分類；只需根據自己多年來的生活經驗與觀察他人的經驗進行簡單評估即可。你要評估的是守密者當下的「性格狀態」，包括他的心情、人格特質，並且考量當下環境。聽起來很複雜，但其實很簡單。

有些專家和心理學家可能會說你不夠資格做此評估，說你在沒有精密工具輔助下，不可能有準確的評估結果。不要相信他們的話！我相信許多人在第一次見到陌生人時，哪怕只是在一旁觀察，在某種程度上都能準確判斷他人的狀態——

這是人類的自然本能。

打從人類出現在地球開始，人類就懂得如何在短時間內判斷一個人是好是壞、跟誰相處是安全的、誰是好的領導者、誰是好的供應者，甚至（不）可以跟誰結合，這些大家都知道。我們通常都能猜對——包括幾千年前就已經停止繁殖或死在洞穴裡的物種——謝謝達爾文博士的進化論！除了我們進化的能力之外，每個人的人生過程中，不管是在家庭、在社會關係，甚至在工作上，也都會發展出各自的技能。這一切讓我們更懂得如何去看待、評估他人。

就算你有機會看到守密者近期的人格測試報告，有鑒於當事人會受到內心狀態及外部環境的刺激，對方實際表現出來的行為舉止可能也跟你預期有所不同。舉例來說，對方的人格測試報告結果是「善於思考，不善社交互動。安靜、內斂、有彈性、適應力強」，但你看到的他卻是非常外向，比預期中更活躍——因為對方當下非常興奮，可能是剛加薪、有愉快的一天，或是受到藥物或酒精的影響。

因為一個人的心情與行為在不同的時間、不同的情況下都不一樣，並且會受到內在因子影響，例如睡眠量、飲食品質或壓力狀態，還包括環境因素，例如冷熱、嘈雜等等。你可能認識一種「晨型人」，每天一醒來就生氣勃勃，但是也有像我們這種人，早上沒喝咖啡就醒不過來！不管人格測試報告結果怎麼寫，守密者當下的性格狀態都會受到內在與外界的刺激因素而改變。

你在賣場中找一個抱著哭鬧寶寶或是小朋友正在鬧脾氣的家長，你試著跟他們幽默一下，我可以保證就算你表現得再風趣，當下肯定毫無作用。處在那種情況下的家長，（當下）肯定不會有幽默感可言。面對如此情況，唯一還能有幽默感的應該是站在一旁觀察、孩子已經長大的家長或祖父母，他們經歷過許多次類似情形，所以現在只需要在一旁玩味看著其他人經歷相同的事情。

性格狀態包括：

- 積極忙碌。
- 悠閒放鬆。
- 疲憊睏倦。
- 幽默大笑。
- 嚴肅內斂。
- 友善外向。

這只是你在評估守密者時會出現的部分可能性。心理學家看到這裡，大概只會聳聳肩，認為評估方式並不科學。但是，身為情報專家的我可以向各位保證，這個方法絕對有用。普通人如我們，實在無需學習複雜的心理測量工具。我建議你，相信看到守密者當下的直覺。當你整合情報、觀察守密者之後，你應該有信心能做出正確判斷。

目 第二步：與守密者搭上線──拋餌、牽線與延續話題

在你觀察、評估守密者之後，想解密的下一步就是要成功與對方「搭上線」，藉由拋出引導鉤餉、引導牽線及建立延續點來達成目的，這方面在第三章已經有詳細討論。

「搭上線」看似是一種動作，但實際上並非只要進行對話就好；你必須要讓

對方真心願意交流，打破抗拒對話的藩籬。與守密者搭上線的主要目的是要迅速建立緊密的共享關係，而一般的日常生活對話鮮少能達到此目的。在你搭線的對話結束時，守密者應該會覺得你們之間有關聯性，而且非常喜歡跟你對話的感覺。

根據你的研究調查（或許很漫長，也或許只是瞄一眼周遭環境），你應該已經知道該用何釣鉤比較有效。此外，跟守密者見面之前所做的觀察，應該也有助於你洞悉對方當下的性格狀態；你可以根據資料內容，在第一次跟守密者見面時對其進行心理鏡映（表現出在該環境下，你跟他有相同的感覺）。

這一步最主要是要與守密者進行有意義的對話，找出雙方共同感興趣的話題，讓對話得以延續下去，而非以找出祕密為目的。不要擔心或急著建立連結，如果你用對了方法，對話過程中自然會產生連結感。在此階段，我們只想要讓普通訊息有流動空間（有共同的話題），讓兩人有相同立場，對同樣的事物有相同感受——讓自己跟守密者站在同一陣線。

剛展開對話時，有說話總比沒說話好；既然守密者會提供訊息，你要做的就是引導對話方向，讓他覺得跟你很親近，願意跟你多聊。我們都會透過人際交流評估他人，所以你可以利用生活技巧來展現自己的迷人之處！這一點也可以透過正面的肢體語言加強效果。

友善的眼神交流：說話過程中避免眼神亂飄，這會讓對方覺得你對談話內容不感興趣。也不要緊盯對方，會嚇到人家。試著讓守密者覺得他是現場最有趣的人。如果你能做到這一點，守密者便會認為自己跟你有所關聯。

避免雙臂、雙腿交叉：這種動作會讓對方覺得你有所防備。

利用頭部：試著與守密者維持相同高度，在他說話時，你可以藉由點頭來表示對話題感興趣或認同。

放輕鬆：放開身體，表現出放鬆的模樣。你可能很緊張，但最好能放鬆身體掩飾一下。你可以將雙手貼在桌面、雙腳抵住椅子，避免手腳緊張亂動。當人們感到緊張或是身體僵硬、手腳冰冷時，這種狀態很難進行溝通，因為自己也不自在。克服畏縮、想弓起身體的感覺。可以放鬆，但不要越過守密者的個人界限。這也反映出個人的自信。

傾身：聽守密者說話時，身體朝他前傾。不要往後靠，這會讓人感到自大或有距離；但也不要靠太近，會顯得過分親密——過猶不及，兩者都不是好現象。表現出你對他「感興趣」的距離就行。

微笑：人類很自然會受到正能量的吸引。見面時朝人微笑，並且保持笑容。就算你的心理鏡映告訴你守密者正處於沮喪狀態（因此你也要有沮喪的模樣），你最好還是想辦法讓對方感到快樂，想辦法改善情況。但是不要強迫自己一直微笑，因為真誠的笑容是裝不出來的，笑太久就顯得虛假。表現出正常的笑容，因為人們在面對友善的神情時，除了接受度較高，也會比較自在。

避免摸臉：說謊的特徵之一就是頻頻摸臉，尤其是鼻子。人在壓力或焦慮的情況下，臉部的血流量會增加，進而刺激鼻子周圍組織。如果你不停摸臉，守密者可能覺得你在說謊。

身體鏡映：當兩個人的對話順利進行，雙方自然會出現相同或類似的肢體語言。為了加強相互關係，你也可以主動模仿守密者的動作。必須巧妙進行，並且在對方改變姿勢後隨即調整跟進。請注意：許多人都知道肢體語言與身體鏡映的技巧，因此你在使用時必須非常小心。如果守密者發現你刻意模仿，你在對方眼中的可信度隨即消失，認為你不夠真誠。

保持彈性態度，在對話過程中隨時調整心理鏡映，因為對方的表現可能跟你預期的不一樣，當下的心情可能也會讓他們有不同的反應。還有，一個人在公開場合的表現與他的真實性格也可能有極大落差。就算對話內容真的很無聊，你還是得想辦法讓守密者一直講話，並且適時給予回應，如此才能強化兩人之間的相似性。絕對不要跟守密者爭執論點，原因是什麼你應該很清楚。

真誠度與可信度是守密者評估是否要跟你討論祕密的兩大考量因素。沒有人是完美的，因此若遇到一個從來不承認自己犯過錯誤或問題的人，我們往往會覺得對方肯定有所隱瞞，進而不願意跟對方分享事情。

為了增加你在守密者心中的可信度，你在對話過程中可以跟他分享一、兩個你曾經犯過的錯誤（就算是假的也行）。如果守密者跟你分享他很後悔或做錯的事情，當下就是你說出個人類似經歷的最佳時機。這有助於拉近你與守密者的距離，提升你的可信度，並且增加你在守密者眼中的人性優勢。

第三步：接觸隱藏資訊——祕密轉折

儘管守密者非常享受跟你對話的感覺，但不代表他會說出你想知道的事情。因此，接下來你要在不影響正面互動關係的前提下，將普通對話內容引導至與祕密相關的話題。這件事的難易度取決於你與守密者在情感上的親近度，以及對方信任你、喜歡你的程度。

如果你善用本書解釋到目前為止的技巧，基於你與守密者發展的密切關係，現在應該可以順利接觸到你想知道的訊息。然而，不管關係再好，你都不能前一秒還在聊交通、個人人際關係或重大新聞事件，下一秒就直接切入與祕密相關的話題。就算你與對方關係真的不錯，你突然丟出與祕密相關的問題可能會嚇到守密者，導致對方有所防備，進而使對話停留在很表面、無深度的內容，更糟糕的是還會讓對方看出你是有備而來。

就算守密者知道你想獲取訊息是為了幫助他們，但如此赤裸而直接的問題只會將對話發言權交到對方手中，他們就有機會阻止你進一步追問。這不是我們想要的結果。為了順利轉移話題，我們必須在一般對話過程中找到的轉折點，以此將對話導向與祕密相關的主題。

你的目標應該是要讓守密者在你沒有直接提問情況下，自願說出你想知道的事情。透過建立緊密關係，搭配對話轉折點，守密者會覺得自己跟你有所連結，自然會在對話過程中說出祕密。請記得，守密者本身就有分享祕密的衝動，而本階段的技巧只是讓祕密朝你加速飛奔而來。

大部分的情況下，你是應該已經掌握足夠的訊息，可以將話題導向祕密。但如果事與願違，你也可以婉轉、間接問些與祕密相關的問題——但不是祕密本身。我們要避免直接提問，因為太過突然會嚇到對方，這種感覺在對話結束後依然會留在守密者心中。

既然你已經小心翼翼的讓對話內容圍著祕密打轉，守密者的反應應該會是下列二者之一：

❶ 如果對方因為談論祕密主題而感到不自在，他會表現出明顯特徵，例如突然轉移話題，或者肢體語言開始有微妙的轉變——雙臂交叉（防衛）、身體僵硬或是眼神亂飄（避免直接與你對視，逃避視線）。這些都代表守密者開始想脫離對話。我們必須注意這一點，並且要有所反應。

❷ 採取與一開始相同的做法。此時先稍微遠離祕密，很自然將話題轉回到安全範圍，重新聊一些與守密者的相關事情（延續點）或是共同興趣。這不代表你稍後不能再提跟祕密相關的事情，不過晚點再說會比較好。

第二次嘗試就有機會得到正面反應，守密者或許會開始跟你聊祕密。若是如此，你要盡量多聽，避免提問打斷守密者。如果守密者暫停說話，看起來明顯在重新考慮是否要繼續談論祕密，你可以依照情況做出下列反應：

使用一般的陳述方式，例如：

「任何人在那種情況下都會跟你有同樣感覺。」

「我完全可以了解你為什麼會覺得……」

「這種意外總是會發生。」

「許多人都經歷過同樣的事情。」

「長大真的很難。」（對青少年而言）

「這只是個錯誤。」

降低訊息的重要性：「這很有趣，但我不太擔心。這件事只有我們兩個知道。又不是要寫在維基解密，這只是我們兩人的對話而已。」

增加情感認同：「我知道要讓你說出這件事情不容易，但有時候把話說出來會比較輕鬆……」

分享自身的類似祕密：以此增加對方分享的壓力（以密易密）。

在祕密的吸引力、祕密關係與白熊理論一節中提過，如果守密者要說出的祕密在一開始沒有受到壓抑，一旦他說出口，就會說出更多訊息。因此我們要注意，當守密者解開祕密後，他們會說出大量先前不為人知的事情，我們必須想好要如何處理接踵而來的資訊以及繼續交流的方式。此外，一旦對方跟你分享祕密，以後應該還會繼續說下去。

總結來說，在接觸祕密的階段，重點是在對話過程中，要跟對方自然地聊起祕密，而不是直接提問。你最好要找出轉折點，將對話導向隱藏的訊息。如果這招不管用，那就再多聊些跟普通祕密相關的間接問題。

你可以在日常生活對話中練習使用轉折點，不用試圖引導他人說出祕密；你會發現在對方沒察覺的情況下，你主導了對話的方向。

第四步：轉移話題

一旦守密者說出祕密，你必須讓對方覺得跟你討論這件事情，不會讓他有受到侵犯的感覺。在使用本書技巧幫助他人敞開心房時，這一點尤其重要。請記住，任何人不管因為何種理由隱藏祕密，那個祕密對當事人一定有某種程度的重要性。

有時候守密者說完祕密後會感到後悔、覺得自己處於弱勢；有些人會因為說出祕密而有背叛的感覺，無論是對自己或對他人。不管是在何種情況下得知祕密，我們都希望守密者對於互動過程是抱持正面感覺，即便是事後回想時也一樣。因此，讓互動過程畫下完美句點有其必要性。最後一步就是要將話題從祕密本身轉移，這有助於減少當事人的內心衝突，以後還願意繼續跟你分享祕密。

奇特的是，人們第二次見面時的感覺往往會跟先前一致。也就是說，如果前一次對話是以熱情的互動方式結束，下一次見面時，先前的感覺還會再出現。同樣地，如果分開時的感覺是正面的，再次相遇時，依然會延續上次分開時的感覺。

因為儘管隨著時間逝去，心情也會受到周遭環境改變而影響，但卻不至於改變曾經互動時的感覺。因此當雙方再度見面，應該能重拾先前的感覺。一旦開始第二次的互動，所有的情況可能又會改變；但不管怎樣，第二次見面時，一開始的感覺肯定會受到前一次結束時的氣氛所影響。

儘管在互動過程中，守密者會知道一些你不想為人所知的事情，但如果第一次對話結束時，對方覺得跟你很親近、留下正面印象，這無疑是為下一次見面鋪路。人們會跟自己喜歡、有情感連結的對象分享訊息。因此，在第一次互動結束後，我們希望留給對方的是感覺，而不是內容；下一次便可用相同的感覺繼續交流。

如果在互動過程中，守密者覺得自己已經說出太多不該說的話，下一次他再見到你時，自然就有防衛心，但一開始的感覺可以戰勝一切。因此在轉移階段時，有兩件事情要特別注意：

❶ 對方說出祕密後，你要將話題導向其他主題。如果你還沒有直接提出過任何問題，那就準備好問他別的事情吧。

❷ 讓對話有個愉快的結束，也讓守密者感到安心，這是為你們下一次的互動鋪路。

即便守密者沒有說出任何祕密，在對話結尾依然要想辦法轉移話題。要採取此步驟，你要有後續準備。就算你現在覺得以後不會再見到對方，天曉得以後會在什麼情況下再次相逢。透過轉移話題來結束對話，對方下次再見到你時，依然會留有好印象。除此之外，當你們再度相遇，你應該利用第一次對話中出現過的延續點，讓守密者願意像先前一樣跟你分享祕密。

本章重點

- READ是引導四步驟的縮寫，幫助讀者輕鬆解密。此步驟可適用於長、短期引導，亦可用於直、間接引導過程。

R：研究及評估守密者	• 研究：盡可能取得與守密者相關的資料，所需時間短則幾分鐘，長則數月，視情況而定。 • 評估：分析守密者在見面環境下的狀態。
E：與守密者搭上線——拋餌、牽線與延續話題	• 拋餌：根據評估內容，利用心理鏡映技巧，以雙方的共同興趣做餌、展開對話。 • 牽線：接著拋出引導線，拉近與守密者之間的距離，迅速建立關係。

	A：接觸隱藏資訊——深入祕密
• 延續話題：記錄讓守密者產生正面反應、或是突然開始跟你分享訊息的對話內容。下次見面時就可以使用這些延續點，讓守密者重拾先前與你交流的正面感與親密感。	• 放若想巧妙碰觸到隱藏訊息的主題，在對話過程中就要尋找契機，將對話導向祕密主題。 • 避免直接切入主題提問，畢竟太過直接可能會嚇到對方，而且這種印象在對話結束後還會繼續留在守密者心中。如果你注意到守密者說話開始有所保留，或是他明確指出你的問題已經超過界線，你要先轉移話題，但是繼續使用引導牽線，與對方建立關係。

	• 但如果對方又開始透露訊息，你要盡力記住當下情況，找出下次對話時可以使用的延續點。
D：轉移話題	• 這樣敏感的對話內容才不會在對話結束後，一直留在守密者的腦海裡。想辦法愉快地結束對話，如此一來守密者下次見到你，才能延續愉快的感覺。

CHAPTER FIVE

第五章

實例示範

以下為臥底犯罪調查真實案例，兇嫌是連環殺手羅伯特・威廉・皮克頓，於二〇〇二年二月五號在溫哥華附近落網。當局封鎖該案的審訊內容多年，現在終於有機會可以將細節公諸於世，告訴大家臥底探員是如何從連環殺手口中套出最危險的祕密。

在閱讀此案例的同時，你會發現本書提過的引導技巧都巧妙有效的運用在此案例當中。現在讀者有機會讀到第一手資料，看看這些技巧多麼管用——不管是誰都可以讓他認識的每一個人說出心中祕密。這些技巧非常管用，管用到讓皮克頓願意跟陌生人分享心中最大的祕密。

二〇〇二年二月五號，加拿大溫哥華

當天，加拿大皇家騎警隊接獲消息，得知皮克頓在距離溫哥華市中心三十分鐘車程的高貴林港市的養豬場藏有非法槍枝。

在那涼爽的夜晚，大約八點半左右，一小隊的加拿大皇家騎警帶著搜索令武力包圍皮克頓的農場，搜查藏匿的非法槍枝。八點三十五分，五名突入部隊破門而入，逮補皮克頓。在搜索過程中，皮克頓被帶到警察局。警方隨即找到非法槍枝，但是皮克頓農場裡藏匿的東西還不只如此……

警察在房間裡找到一名女子海瑟．巴特利的出生證明。不久後，另一名搜查皮克頓辦公室的員警在灰色滑雪袋中發現可疑物品，包括一條女性的慢跑褲以及哮喘患者使用的吸入器，上面還貼有姓名標籤：賽莉娜．阿博茨韋。

這兩名女性之前都已經在溫哥華東部地區通報為失蹤人口，那裡是貧民窟、也是毒品、性交易、搶劫及暴力行為的溫床。這兩個名字是在該地區失蹤的長串名單之列。事實上，多年來在該地區失蹤的女性人數多到驚人，多到讓有關當局結合特殊聯合警力、成立「英屬哥倫比亞失蹤婦女調查小組」，該調查小組遲遲未找到嫌犯，不過有情報指出，是有連環殺手專門針對該區的性工作者下手。

搜索皮克頓農場的隔天（二〇〇二年二月六號），在逮補皮克頓十六個小時後，他被控非法持有槍械，得以交保候傳；但他不能回到農場，因為皇家騎警隊還在進行搜查，而且是搜查不同的目標——多名失蹤婦女。皇家騎警隊封鎖該農場，但此事被媒體公佈後，農場外面全是電視台人員與記者。

二〇〇二年二月二十二號，在事發的十六天後，皮克頓因為涉及謀殺兩名失蹤婦女遭到逮捕，儘管他否認涉案，警方仍懷疑他涉及的案件不僅於此。

皮克頓被控殺人後，他在警方戒護下走入監獄。當時他五十一歲，滿臉鬍渣，除了靠近脖子處有一小絭又長又髒亂的棕髮，頭頂幾乎全禿。皮克頓又髒又臭，但他拒絕洗澡，警方只好讓他換上乾淨的白色T恤與灰色羊毛運動褲，戒護他進入牢房。

奶油色的牢房大小約三平方公尺，U型水泥長椅，三面牆壁邊分別是兩張床和基本的廁所與水槽，剩下一面就是通往外面走道。當皮克頓在警方戒護下走向牢房時，他看到牢友是一名粗眉大眼的職業罪犯，牢友一看到警衛便憤怒的大吼大叫，吵著要見律師，還因為牢房裡多一個人而破口大罵。皮克頓進入後，靜靜地坐在空床上，但他不知道身旁這名具有侵略性的牢友，其實是皇家騎警隊的臥底探員……

我曾經參與加拿大皇家騎警隊臥底探員的培訓課程，並且與他們共事過，在我看來，他們有世界上最優秀的臥底探員。以下的對話內容中雖然無法公佈該探員的身分，但我可以告訴讀者們，他對於突如其來的臥底部署行動及相關要求所知有限，他只知道要與一名被控涉及兩起謀殺事件的五十一歲的嫌犯關在一起。除此之外，他也看過皮克頓的筆錄。

在沒有充分研究（見第四章）的前提下，該探員只能運用間接引導技巧（在第二章與第三章討論過的內容），看看皮克頓是否會跟他分享祕密。此外，牢房裡裝有隱藏式攝影機和錄音設備。

以下是皮克頓被逮捕三日內所錄下的部分對話內容。由於這是警察臥底的真實對話過程，在內容上會因為電波干擾或設備問題而有聽不清楚的部分，不過上述背景應該有助於讀者了解對話內容。

在閱讀下列對話時，你會注意到，在該探員機智使用間接引導與成功的心理鏡映下，皮克頓與該探員的關係出現轉折。兩人從一開始的陌生人轉為密友，皮克頓也從一開始的隱藏訊息、否認殺人到向獄友坦承殺害四十九人及屍體處理方式，顯示該探員成功變成皮克頓心裡的「那個人」。

請注意，以下內容包含不雅用語。

運用「心理鏡映」及「找出共同敵人」

皮克頓：他們說檢方要以兩起謀殺案起訴我。
臥底探員：聽他在放屁。
皮克頓：你知道嗎，有時候無辜的人也是會被關。
臥底探員：有時候？怎麼說？但問題是他們要關你也得先證明你有罪啊！
皮克頓：什麼？
臥底探員：他們得先想辦法證明你有罪啊。
皮克頓：不用，他們不用證明什麼。他們什麼都不用證明。
臥底探員：不然要怎麼辦？老兄，他們總不能什麼都沒有就把你關在這。
皮克頓：他們可以陷害你，陷害。
臥底探員：你這麼認為？
皮克頓：沒錯。這些人是條子，專幹髒事。
臥底探員：相信我，絕對不要相信條子。
皮克頓：這些該死的警察，絕對不能相信這群狗娘養的東西。

臥底探員：沒錯，你說得一點都沒錯。

皮克頓：這些人什麼事都幹得出來。

臥底探員：他們什麼都會試。試他媽的。

皮克頓：沒錯，還說我殺了兩個人。

臥底探員：哼。

皮克頓：我什麼都不知道。

假裝不相信對方的話

皮克頓：我就是個普通的豬農。（點頭）

臥底探員：豬農？所以你就是那個……（指電視上報導的人）。就是你啊，你看起來一點都不像豬農啊……

皮克頓：我就去工作，然後（內容無法判讀），突然間他們找到槍，我就被抓進來了。

臥底探員：這、這不太對吧。

皮克頓：現在他們還說我殺了五十個人，五十個耶！

臥底探員：去他的，怎麼可以這樣。

皮克頓：殺了五十個人，就憑我？

臥底探員：對啊……這……我不信。

皮克頓：啊？

臥底探員：我不信，你一定在唬爛我，就憑你？

刻意討好對方

皮克頓：他X的現在全世界都認識我了，還傳到香港去，香港耶。

臥底探員：X，我不知道原來你這麼有名啊。

皮克頓：什麼意思？

臥底探員：你是大人物啊。是有沒有那麼厲害啦。

皮克頓：連香港都知道，你說呢？

臥底探員：X，你快要變得跟圖坦卡門（King Tut）和薩達姆·海珊（Saddam Hussein）那些人一樣屌了。

皮克頓：跟海珊一樣感覺還真爽……

強調彼此的相似處

皮克頓：那你是為什麼被關進來？

臥底探員：你真的想知道？你想知道什麼？好吧，我就只告訴你，我當時打算在東岸大幹一票。

皮克頓：噢，你是違反什麼規定嗎？

臥底探員：我不是……跟規定無關。幹，總之不是好事。

皮克頓：那是怎樣？

臥底探員：猜猜看。那你又為什麼會進來？

皮克頓：我因為被控兩起謀殺，呃，我背著兩條人命。

臥底探員：沒錯，我差你一點，X，就是試圖……

皮克頓：謀殺未遂？

臥底探員：沒錯，在東岸。

臥底探員：你很無辜吧，明明就只是個幹活的小伙子。

皮克頓：對啊，我就只是個農家孩子。

臥底探員：我知道農場的生活是怎麼回事，我也在農場待過幾年。

（休息）

臥底探員：那段日子很快樂。

皮克頓：沒錯。

臥底探員：現在已經長大了。

皮克頓：對啊，長大後都會這麼想。

臥底探員：沒錯，尤其是在農村長大的小孩，對吧？

皮克頓：沒錯，我的意思是……現在已經沒有這種樂趣了。

臥底探員：我們以前都會從一捆捆的草束上跳到乾草堆裡……

皮克頓：我一輩子都很努力工作。

臥底探員：肯定是，尤其是在農場生活。

皮克頓：嗯。

臥底探員：要打水，還有……

皮克頓：早上六點半就得起床。

臥底探員：對，還有一堆雜事。

皮克頓：要起床出去擠牛奶。

臥底探員：對。

皮克頓：然後再回來梳洗，準備上學。

臥底探員：對，就是這樣。不是餵食就是弄水，幹。

（停頓）

皮克頓：真的很辛苦。

臥底探員：這真是……你做得很辛苦，你知道自己是對的。這就是你付出、成功、賺錢的方法。

皮克頓：不過我現在因為謀殺罪，什麼都沒了。
臥底探員：太不公平了。
皮克頓：我什麼都沒了，我的努力都泡湯了。
臥底探員：但他們無法抹滅你曾經的努力。
皮克頓：我明天還是會做同樣的事情，幫助別人。
臥底探員：不要因此而改變喔。
皮克頓：嗯？
臥底探員：不要讓這件事情影響你，你就做原本的自己。
皮克頓：我不會因為這件事情而改變，不會。
臥底探員：沒錯。聽起來還有大好的人生在等你，就跟你說的一樣。

祕密交換

（餐點連同咖啡一起送入牢房。臥底探員幫忙皮克頓。皮克頓雖然無法以類似方式回報，但他後來選擇了放棄守密。）

臥底探員：那是什麼？（指餐點）

皮克頓：我不知道。

臥底探員：該死的豆子還是什麼之類的東西吧。

皮克頓：這（內容無法判讀）。靠，是咖啡！

臥底探員：你不能喝咖啡嗎？

皮克頓：不能。

臥底探員：真的嗎？

皮克頓：不能。

臥底探員：你怎麼不跟他們要果汁還是其他的東西，肯定有別的飲料。

（數分鐘後）

臥底探員：警衛！你能拿點果汁或其他的飲料來嗎？

警衛：沒辦法，這裡沒水……不過應該還有一點果汁。

臥底探員：可以給我一杯嗎。

皮克頓：我不喝咖啡。

臥底探員：他不喜歡咖啡。

警衛：不喝咖啡嗎？
臥底探員：不喝。
警衛：好吧，我看看能不能拿點果汁過來。

（該探員藉由分享假祕密讓皮克頓覺得自己也有義務要說出類似的事情。從這裡開始，皮克頓已經準備好要說出更多事情——他承認自己是如何殺害四十九個人以及處理屍體的方式。）

臥底探員：有人做對了。我發現要處理東西（指屍體）最好的方式就是丟到海裡。
皮克頓：真的嗎？
臥底探員：你知道東西丟到海裡會有什麼下場嗎？就是什麼都不剩。
皮克頓：我幹過更厲害的事情。
臥底探員：誰？
皮克頓：我。
臥底探員：哼，不可能。

（皮克頓站起來，坐到探員身邊）

皮克頓：化製機。

臥底探員：啊？

皮克頓：剁了絞碎提煉。

臥底探員：哈哈，怎麼可能，這太天才了。

皮克頓：嗯嗯。

臥底探員：應該很難留下任何東西吧？

皮克頓：沒錯。只是我後來也懶了。

臥底探員：真的。

皮克頓：就是太懶了，他們才有機會抓到我。

臥底探員：你看，你肯定他X的非常小心……

皮克頓：（內容無法判讀）

臥底探員：很爽，那種感覺……很爽，老兄。

皮克頓：啊？

臥底探員：那種感覺肯定很棒，幹得好，哈哈，太棒了。

（休息）

皮克頓：我本來還要再幹一票，湊整數五十個人。

臥底探員：（大笑）

皮克頓：這就是為什麼我當時沒好好（內容無法判讀）。

臥底探員：是喔。

皮克頓：我還想再幹一票，湊滿五十個人。

臥底探員：湊五十個人啊（大笑）。幹，五十個耶，一百的一半了耶！

（皮克頓點頭大笑）

皮克頓：嗯嗯。

皮克頓：大家都在問有多少（屍體）？我才不會告訴他們。

心理鏡映

（探員利用皮克頓對哥哥的崇拜進行心理鏡映，建立強烈的心理連結。）

臥底探員：接下來我要跟你說的事情，你最好爛在肚子裡。

皮克頓：我哥之前也說過同樣的話。

臥底探員：你以為這些該死的條子會在乎你個屁嗎？

皮克頓：這就是我哥擔心的事情。

臥底探員：聽起來你哥是個聰明人，懂得還不少。

皮克頓：沒錯。

臥底探員：他知道這是怎麼一回事。

皮克頓：他警告過我，說我完蛋了。

臥底探員：好吧，你早該看是要劫機飛去古巴還是哪裡。

皮克頓：我就只是個普通的豬農啊。

臥底探員：我的朋友，你不再是豬農了。

皮克頓：現在全世界都認識我。

臥底探員：沒錯，你他媽的現在是個傳奇人物。

皮克頓：真的，我現在不管去哪裡都一樣。

強調對方的重要性

皮克頓：我真的氣炸了。我本來要再幹一票湊整數。

臥底探員：（大笑）

皮克頓：要比之前在美國的那個更偉大。

（意指美國的連環殺手）

臥底探員：沒錯，幹，那差遠了。

皮克頓：據說他的紀錄是四十二個人。

臥底探員：對。

皮克頓：四十二。
臥底探員：聽起來你已經破紀錄了啊。
皮克頓：沒錯，我比他多。

（休息）

皮克頓：四十九！
臥底探員：你快辦到了！
皮克頓：哼，差一點。
皮克頓：我很擔心。
臥底探員：嘿、嘿。
皮克頓：衝破五十大關。
臥底探員：啊？
皮克頓：我還沒幹掉第五十個。
臥底探員：是喔……

（休息）

皮克頓：我真不敢相信，我的意思是……

臥底探員：（大笑）我也不敢相信，我跟你這個超級豬農在一起！你將來肯定會簽名簽到手軟啊……

皮克頓：比那個……綠河殺手還多。

臥底探員：是嗎？我不知道。他殺了多少人？

皮克頓：四十二。

收網

皮克頓：所以我就等著看明天會發生什麼事，肯定會很有趣。律師要我什麼都別說。

臥底探員：太好了！

該探員與皮克頓對話過程中使用了本書第三章所提及的引導技巧。此外，該探員還刻意提升嫌犯對自己的「喜愛度」，並且持續對皮克頓進行心理鏡映。這名可惡的危險罪犯將其隱藏十多年的殺人祕密，在短時間裡突然對一個陌生人說出一切經過——這正是有效引導的結果。

在探員精湛的引導技巧下，加上仔細的犯罪現場調查與警方的努力之下，皮克頓被控涉及二十六起謀殺案件。基於法律因素，一開始只有六起案件成立。在二〇〇七年十二月，皮克頓涉及的六起謀殺案，全都被判處二級謀殺罪。在此六件案件中，皮克頓被判二十五年，不得假釋；這是加拿大法律對二級謀殺罪最重的刑罰。檢察官後來認為，若繼續處理後續的二十件一級謀殺罪名，不符合社會大眾利益。此案的調查與審判成本為一億兩百萬加幣。

BI7140

讓人什麼都告訴你！

國際臥底專家教你輕鬆取得他人信任，對你掏心掏肺【暢銷新版】

原 著 書 名／How to Get People to Tell You Everything
作 者／大衛．克雷格（David Craig）
譯 者／張瓅文
責任編輯／韋孟岑

版 權／黃淑敏、吳亭儀、江欣瑜
行 銷 業 務／黃崇華、賴正祐、周佑潔、張媖茜
總 編 輯／何宜珍
總 經 理／彭之琬
事業群總經理／黃淑貞
發 行 人／何飛鵬
法 律 顧 問／元禾法律事務所 王子文律師
出 版／商周出版
臺北市 104 中山區民生東路二段 141 號 9 樓
電話：(02) 2500-7008 傳真：(02) 2500-7759
E-mail：bwp.service@cite.com.tw
Blog：http://bwp25007008.pixnet.net./blog
發 行／英屬蓋曼群島商家庭傳媒股份有限公司城邦分公司
臺北市 104 中山區民生東路二段 141 號 2 樓
書虫客服專線：(02)2500-7718、(02) 2500-7719
服務時間：週一至週五上午 09:30-12:00；下午 13:30-17:00
24 小時傳真專線：(02) 2500-1990；(02) 2500-1991
劃 撥 帳 號／ 19863813 戶名：書虫股份有限公司
讀者服務信箱：service@readingclub.com.tw
城邦讀書花園：www.cite.com.tw
香港發行所／城邦（香港）出版集團有限公司
香港灣仔駱克道 193 號超商業中心 1 樓
電話：(852) 25086231 傳真：(852) 25789337
E-mailL：hkcite@biznetvigator.com
馬新發行所／城邦（馬新）出版集團【Cité (M) Sdn. Bhd】
41, Jalan Radin Anum, Bandar Baru Sri Petaling,
57000 Kuala Lumpur, Malaysia.
電話：(603)90578822 傳真：(603)90576622
E-mail：cite@cite.com.my
線上版讀者回函卡
封 面 設 計／萬勝安
內 頁 排 版／季曉彤
印 刷／卡樂彩色製版印刷有限公司
經 銷 商／聯合發行股份有限公司 電話：(02)2917-8022
傳真：(02)2911-0053

■ 2017 年（民 106）04 月 13 日初版
■ 2022 年（民 111）03 月 03 日二版
定 價 360 元

Printed in Taiwan

城邦讀書花園
www.cite.com.tw

ISBN：978-626-318-178-6
ISBN：978-626-318-180-9 (EPUB)

國家圖書館出版品預行編目(CIP)資料
讓人什麼都告訴你!國際臥底專家教你輕鬆取得他人信任,對你掏心掏肺【暢銷新版】/大衛.克雷格(David Craig)著；張瓅文譯. -- 二版. -- 臺北市：商周出版：英屬蓋曼群島商家庭傳媒股份有限公司城邦分公司發行, 民111.03
304面；14.8X21公分.
譯自：How to get people to tell you everything.
ISBN 978-626-318-178-6(平裝)

1.CST: 行為心理學 2.CST: 欺騙
176.8 111001724

商周出版

廣　告　回　函
北區郵政管理登記證
北臺字第000791號
郵資已付，免貼郵票

104　台北市民生東路二段141號9樓

英屬蓋曼群島商家庭傳媒股份有限公司城邦分公司　收

請沿虛線對摺，謝謝！

商周出版

書號：BI7140　　書名：讓人什麼都告訴你！國際臥底專家教你輕鬆取得他人信任，對你掏心掏肺【暢銷新版】　　編碼：

請於此處用膠水黏貼

商周出版

讀者回函卡

謝謝您購買我們出版的書籍！請費心填寫此回函卡，我們將不定期寄上城邦集團最新的出版訊息。

姓名：________________

性別：□男　□女

生日：西元________年________月________日

地址：________________

聯絡電話：________________　傳真：________________

E-mail：________________

職業：□1.學生 □2.軍公教 □3.服務 □4.金融 □5.製造 □6.資訊

□7.傳播 □8.自由業 □9.農漁牧 □10.家管 □11.退休

□12.其他________________

您從何種方式得知本書消息?

□1.書店□2.網路□3.報紙□4.雜誌□5.廣播 □6.電視 □7.親友推薦

□8.其他________________

您通常以何種方式購書?

□1.書店□2.網路□3.傳真訂購□4.郵局劃撥 □5.其他________

您喜歡閱讀哪些類別的書籍?

□1.財經商業□2.自然科學 □3.歷史□4.法律□5.文學□6.休閒旅遊

□7.小說□8.人物傳記□9.生活、勵志□10.其他________

對我們的建議：

____

____

____

____

請於此處用膠水黏貼

Idea man

Idea man